이토록
평범한
혁신

[일러두기]

1. 인명이나 지명, 한글로 표기한 외래어 발음은 저자의 표기법을 따랐습니다.
2. 본문의 각주는 편집자가 쓰고, 저자가 감수 및 보완하였습니다.
3. 본문에서 단행본은 《 》, 영화, 간행물, TV 프로그램명은 〈 〉로 표기하였습니다.
4. 비교의 용이함과 이해의 편의를 위해 외국 돈을 우리 돈으로 환산할 때 시점을 무시하고 다음과 같은 단순한 비율을 사용했습니다. 미국 1달러는 1,200원, 1유로는 1,400원, 영국 1파운드는 1,600원, 덴마크 1크로네는 180원, 오스트레일리아 1달러는 1,000원, 1엔은 10원, 그리고 1위안은 180원으로 가정했습니다.

우연을 전략으로 설계하는 힘

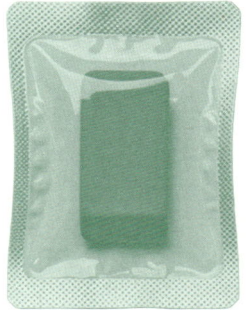
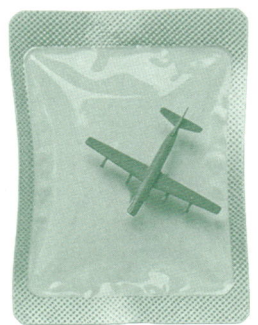

이토록
평범한
혁신

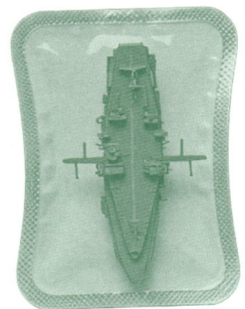

권오상 지음

KNOWLEDGE

이 책의 제목 선정에 결정적인 도움을 준
사랑하는 아내 윤경에게

들어가는 말

　인공지능의 기세는 놀랍기만 합니다. 사진 속의 개와 고양이를 곧잘 맞추더니 이제는 암과 같은 질병의 판독도 전문의 수준까지는 척척 해냅니다. 인공지능은 우리말을 다른 나라 말로 옮기는 것도 할 수 있고 직접 말을 걸어 보면 제법 그럴싸한 대답도 합니다. 게다가 연예인의 목소리를 거의 똑같이 따라할 수 있을뿐더러 심지어 작곡과 그림 그리기도 비슷하게 흉내를 냅니다.

　한편으로는 기술의 발전이 놀랍다가도 '이러다가는 인간의 쓸모가 아예 없어지는 거 아니야?' 하는 걱정도 슬몃 듭니다. 인간이 그동안 만들어 낸 사실상의 모든 데이터를 활용하는 인공지능이 평범한 개인보다 아는 게 많을 건 어찌 보면 당연합니다. 마이크로소프트의 창업자 빌 게이츠는 오픈에이아이의 샘 올트먼과 나눈 대화에서 자신의 현재 직업인 억만장자 자선가의 일도 인공지능이 더 잘할 것 같다고 푸념합니다.

　그렇다고 아예 희망이 없지는 않습니다. 게이츠는 가까

운 장래에 인공지능의 영향을 가장 덜 받을 분야로 세 가지를 꼽습니다. 첫째, 대체 에너지, 둘째, 바이오, 셋째, 인공지능 그 자체입니다. 이 세 가지는 공통점이 있습니다. 그건 바로 테크놀로지의 혁신이 일어나고 있는 분야라는 점입니다. 달리 말해 혁신 자체는 과거에 발생한 일을 적당히 잘 요약하거나 흉내 내는 인공지능 기법의 손아귀를 빠져나가는 분야라는 얘기기도 합니다.

혁신을 연구하다 보면 흥미로운 사실 하나가 눈에 띕니다. 혁신의 영역에서 운의 역할이 크다는 사실입니다. 일반적인 인식으론 혁신은 오롯이 계획, 능력, 노력의 결과입니다. 그러한 혁신도 물론 없지는 않습니다. 하지만 그런 건 대개는 개선이나 개량이기 십상입니다. 의외로 많은 혁신은 의도하지 않은 데서 비롯됩니다. 다른 걸 하려고 했는데 어쩌다 보니 뜻밖의 해결책을 찾게 된 때가 많다는 얘기입니다. "진정한 혁신은 외부자나 아마추어로부터 나온다"는 말은 그래서 괜한 말이 아닙니다.

2014년 《노벨상과 수리공》(개정판 《미래를 꿈꾸는 엔지니어링 수업》), 2016년 《엔지니어 히어로즈》, 2018년 《혁신의 파》, 2024년 《확률의 승부사들》을 낸 덕에 저는 교육방송 EBS를 포함해 혁신에 대한 강의를 줄곧 해 왔습니다.

혁신을 주제로 강의하다 보면 다른 사실 하나도 알게 됩니다. 혁신에서 운의 역할이 크다는 사실이 우리나라에서 별로 인기가 없다는 사실입니다. 운보다는 능력 아니면 노력의 결과로 이해하고 싶어합니다.

기실 그러한 개념을 나타낼 우리말도 마땅치 않습니다. 한자어 중에는 "뜻밖에 얻는 행운"을 뜻하는 요행이나 "뜻밖의 운수"를 뜻하는 횡수가 개중 가깝습니다. 두 단어 모두 부정적인 의미가 그득합니다. 또 그렇게 된 역사도 깊습니다.

일례로, 조선 중종 때인 1517년 과거 문과에서 허관이 장원 급제를 했습니다. 그런데 "허관은 (...) 예전 사람이 지은 것을 훔쳐서 베끼고 한 구절도 고쳐 쓰지 않았으므로, 사람들이 다 '요행장원'이라 하였다"는 글이 《조선왕조실록》에 나옵니다. 100퍼센트 표절인 답안으로 장원 급제가 된 걸 요행이라 불렀다는 얘기입니다. 당시 사람들이 보기에 요행은 곧 비리 아니면 범죄의 다른 말에 지나지 않았습니다. 그러니 혁신과 운의 관계를 있는 그대로 받아들이는 게 왠지 모르게 불편했던 겁니다.

영어에는 혁신의 운을 나타낼 단어가 최소한 두 개는 있습니다. 하나는 "있을 것 같지 않은 운 좋은 일"을 뜻하는 플루크fluke입니다. 당구를 쳐 본 사람이라면 이 단어의 일본식 발음을 들어봤을 가능성이 큽니다. 대충 쳤는데 예상외로 결과가 좋은 걸 비아냥댈 때 쓰는 말인 "후로꾸"가 바로 그 주인공입니다. 원래의 플루크는 납작한 닻이나 고래의 꼬리지느러미를 가리키는 말이었습니다. 그게 어쩌다 운 좋은 일을 뜻하게 됐는지에 대해서는 아무도 알지 못합니다. 이마저도 운이 아니고서는 설명할 방법이 없습니다.

다른 하나는 "운 좋은 뜻밖의 발견"을 뜻하는 세렌디피티serendipity입니다. 젊은이라면 방탄소년단의 2018년 노래 제목 때문에 이 단어가 낯설지 않을 겁니다. 세렌디피티는 영국의 첫 번째 총리였던 로버트 월폴의 막내 아들 호러스 월폴이 1754년에 만든 말입니다.

사연은 이렇습니다. 월폴은 피렌체에 파견된 외교관이 보내 준 비앙카 카펠로의 초상화에 푹 빠졌습니다. 1548년에 태어난 카펠로는 토스카나 대공 프란체스코 메디치의 정부였다가 부인이 된 사람이었습니다. 케임브리지대학 킹스칼리지를 졸업한 월폴은 그림에 걸맞은 글귀를 찾지 못해 안달했습니다. 그러다 한 책에서 우연히 딱 맞는 문구를 발견한 월폴은 그런 자신의 능력을 가리켜 세렌디피티라고 이름 붙였습니다.

월폴이 말을 만들 때 염두에 둔 건 페르시아에서 전해져 오는 이야기였습니다. 스리랑카의 왕 지아페르는 교훈을 얻어 오라는 뜻에서 세 왕자를 여행 보냈습니다. 여행 도중 세 왕자는 낙타를 잃어버린 사람을 만났다가 도둑으로 몰립니다. 세 왕자는 "질질 끌린 발자국을 보고 낙타가 다리를 전다고 가늠했고, 개미와 파리가 몰리는 걸 보고 꿀과 버터를 지고 있다고 짐작했다"고 말해 겨우 오해를 풉니다.

즉 월폴에게 세렌디피티는 우연한 사고와 꼼꼼한 명민에 기댄 세 왕자의 깨달음이었습니다. 사실 여기서도 운은 빠지지 않습니다. 스리랑카의 옛 이름은 세렌딥이 아닌 사렌딩이기 때문입니다. 즉 월폴이 나라 이름 가지고 실수를 저지르는 운이 끼지 않았다면 오늘날 우리는 세렌디피티라는 말을 쓰고 있을 겁니다.

이 책은 지금 보면 결과적으로 비범하지만 객관적으로 당시로서는 평범하기 짝이 없는 사람들이 일구어낸, 운이 크게 좌우한 여덟 가지의 혁신 이야기를 담고 있습니다. 각각의 이야기는 앞으로의 혁신에 영감이 될 수 있을 만한 것들만 골랐습니다. 이 책은 가령 '혁신을 이루는 마법의 5단계' 같은 걸 다루고 있지 않습니다. 그런 건 기꺼이 다른 책에게 양보하겠습니다.

대신 운의 작용에 마음을 열고 세렌디피티에 가까워지는 길은 양보할 생각이 없습니다. 그래서 여러분이 이 책을 다 읽고 나면 '혁신에 이르는 길은 누구에게나 열려 있구나' 하고 생각하기 시작할 겁니다. 일례로, 주연을 맡은 영화로 베니스국제영화제의 첫 번째 공식 최우수감독상을 감독에게 안긴 배우가 나중에 최신 어뢰를 제안하고 오늘날 무선통신의 선구자 겸 개척자가 되었습니다. 쉽게 짐작할 수 있듯이 그 배우가 정규 과정의 공학 교육을 받은 적은 없었습니다.

더불어 아무리 인공지능이 발전해도 혁신은 여전히 인간의 고유한 행위라는 걸 알리고 싶었습니다. 어쩌면 예측과 통제가 쉽지 않은 혁신의 세렌디피티가 인공지능도 어쩌지 못할 인간다움의 정수일지도 모릅니다. 그러한 불확실성을 낙천적인 마음으로 껴안을 수 있는 여러분이 되기를 기원합니다. 특히 앞날이 창창한 중고생과 청소년들도 이 책을 너끈히 읽을 수 있도록 최대한 쉽게 쓰려고 애썼습니다.

단, 세렌디피티를 그저 저절로 생기는 요행으로만 생각해서는 곤란합니다. 직접 뭔가를 시도해 보는 도전과 실행 없이 세렌디피티와 혁신이 나타나기를 기대할 수는 없습니다. 말하자면 실행은 세렌디피티의 필요조건입니다.

미국의 가장 오래된 대학교인 하버드대학의 요즘 심벌은 진홍색 방패 안에 세 권의 책이 모두 펼쳐진 채로 그려져 있습니다. 그리고 그 책들의 펼쳐진 안쪽 페이지에 베리타스veritas, 즉 '진리'라는 라틴어가 써 있지요.

그런데 알고 보면 원래의 예전 심벌에서는 그 세 권 중 맨 아래쪽의 한 권은 책의 안쪽이 아닌 표지 쪽에 라틴어가 써 있었습니다. 진리는 책 안에만 있는 건 아니라는 겸허의 표현이었을 터, 저는 이쪽이 더 마음에 와닿습니다. 그 뒤집어진 책에서 세렌디피티를 떠올린다면 지나친 상상일까요?

2025년 10월
자택 서재에서

권오상

차례

들어가는 말 ◆06

‖ 제1장 ‖
블루투스의 어머니, 아버지는 영화배우와 아방가르드 작곡가

유선 통신을 연 선구자들의 공통점 ◆18
눈에 보이지 않는 전파, 무선을 통한 첫 신호의 시작 ◆24
빛살이 아닌 가오리에서 비롯된 해군의 무기 ◆28
해전의 판도를 바꾼 피우메 혹은 리예카 ◆33
오스트리아 배우가 완성한 어뢰의 유도 혁신 ◆39

‖ 제2장 ‖
번개와 폭풍우를 감지하려던 장치는 나중에 무엇이 되었나?

전파의 다른 쓸모를 찾아낸 교육대학 중퇴자 ◆48
숨 가쁜 혁신의 필요조건을 증명한 록히드의 스컹크 공장 ◆55
몸통 없이 비행하는 "날아가는 날개" ◆60
스텔스 원리를 외면한 소련의 선택 ◆64
초등학교도 못 마친 이가 밝혀낸 레이다의 다른 쓰임 ◆70

제3장
단맛에 이끌리는 본능을
우연의 힘으로 승화한 다섯 사람

제2차 세계대전이 낳은 미군의 전투식량 ◆78
19세기 이전 달콤한 음식의 대명사인 설탕을 먹었던 이유 ◆84
설탕이 귀하던 시절 서양에서 단맛을 대신했던 음식들 ◆89
설탕·꿀 대신 찾은 우리 고유의 단맛 ◆92
단맛의 인공 감미료를 세상에 가져온 부주의와 불찰 ◆99

제4장
농기구를 만들다 파산한 사람이
실수로 만든 가황 고무

아마존강 유역에서 자라는 나무 수액의 쓰임 ◆110
지우개를 맨 처음으로 사용한 영국인 목사의 또 다른 업적 ◆114
컴퓨터와 앰프 외에도 세계 곳곳에서 불린 매킨토시의 이름 ◆117
테슬라처럼 남의 성을 멋대로 가져다 쓴 타이어 회사 ◆120
목표했던 자동차 부동액 재료 대신 탄생한 로켓의 고체 연료 ◆125

제5장
열병약을 만들려다 뜻하지 않게 왕의 염료를 만든 미성년자

동아프리카 이탈리아군 사령관 아메데오 왕자는 왜 죽었나?	◆130
잉카 소년을 말라리아로부터 구한 열대 안데스의 토종 식물	◆136
유럽 왕권을 상징한 보라색 염료의 기원	◆141
인도 식민 통치의 그림자 속에서 태어난 칵테일	◆146
태평양 전쟁에서 미군의 열병 감염을 부채질한 일본의 방송	◆150

제6장
연합국의 전쟁 수행에 요긴했던 물질은 이후 무엇이 되었나?

전신의 확산과 골프공 혁신을 이끈 영국 의무 장교	◆158
작은 문제 해결하려다 더 큰 문제를 키운 두 명의 미국인	◆164
냉매는 어떻게 원폭 제조의 필수 물질이 되었는가	◆169
뜻밖의 발명이 없었다면 불가능했을 영국의 본토 항공전	◆174

제7장
선장의 정신 건강을 위해 배를 탄 목사 지망생의 깨달음

초고속 승진하던 해군 장교의 큰 걱정거리 ◆180
선장의 말동무로 임명된 의사 가문의 목사 지망생 ◆184
'종의 기원' 불씨가 된 어느 토목 엔지니어의 논문 ◆189
세계 최초 일기 예보를 일간지에 제공한 해군 제독 ◆194

제8장
침몰하지 않는 항공 모함을 만들려 했던 전직 종군 기자

토머스 에디슨과 하이럼 스티븐스 맥심의 공통 관심사 ◆200
라이트 형제의 비행기를 처음으로 구매한 미국 육군 ◆206
전화의 특허권자 알렉산더 벨의 또 다른 관심사 ◆210
역사상 최초의 해군기 공습에 사용된 배의 기구한 운명 ◆215
인공 빙산이라고 할 수 있는 "가라앉지 않는 배" ◆220

참고 문헌 ◆225

◆ 제1장 ◆

블루투스의 어머니, 아버지는 영화배우와 아방가르드 작곡가

  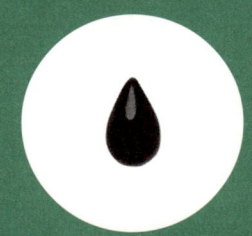

유선 통신을 연
선구자들의 공통점

전선을 통하지 않는 통신 방법이 과거에 없지는 않았다. 깃발을 내걸고 연기를 피우고 비둘기를 날렸다. 없는 것보다는 나았지만 문제투성이였다. 너무 멀면 보이질 않고 비가 오면 불을 붙일 수 없고 비둘기는 길을 잃거나 매의 식사 거리가 되었다. 그 방법들은 모두 제약이 많고 소식을 제대로 전달하기가 어려웠다.

그러다 1830년대에 전선을 통해 신호를 보내는 방식이 등장했다. 영국의 윌리엄 쿡과 찰스 휘스톤은 1838년 런던 시내의 패딩턴 역과 런던 서쪽의 웨스트드레이튼 역 사이의 21킬로미터 철도 구간에 상업용 전신선을 깔았다. 시작은 쿡보다 4년 빨랐던 새뮤얼 모스는 1844년 앨프리드 베일과 함께 61킬로미터 거리의 워싱턴 D.C.와 볼티모어를 지상 전신선으로 연결했다. 특히 모스가 직접 개발한 일명 모스 부호는 이후 전신 통신의 표준이 되었다.

1870년대에는 전선을 통한 새로운 통신 방식이 생겨났다. 1876년 알렉산더 벨은 소리를 전기 신호로 바꿔 전선으로 보내는 미국 특허를 얻은 후 1877년 벨 전화회사를 세웠다. 한편 1875년에 이미 음정을 전신으로 보내는 특허를 받은 일라이셔 그레이가 미국의 전화 특허권자가 됐어야 옳다는 주장도 있다. 당시 벨에게 특허를 내준 특허 심사관이 먼저 접수된 그레이의 전화 특허 출원서를 벨에게 보여줘 베끼게 하고 접수 순서도 뒤바꿨다고 나중에 법정에서 실토했기 때문이다.

사실 누가 전화의 진짜 발명자냐는 건 이 책의 주된 관심사는 아니다. 그보다는 새로운 혁신적 기술이 등장할 때 여러 사람이 동시다발로 그 기술을 개발하는 일이 잦다는 게 중요하다. 가령 이탈리아 태생의 안토니오 메우치는 이미 1856년에 전화를 만들어 사용했지만 돈이 없어서 특허를 받지 못했다. 또 '텔레폰'이라는 단어를 처음 쓴 독일의 요한 라이스는 1861년 자기가 만든 전화의 작동을 시연해 보였다. 이외에도 여기서 일일이 설명할 수 없는 많은 사람이 당시 전화 개발에 뛰어들었다. 이러한 양상은 예외기보다는 정상에 가깝다.

전신이든 전화든 사람들은 그 편리함에 열광했다. 각 나라마다 기술이 들어온 이력에 따라 강조되는 부분에 차이는 있다. 가령 벨 전화회사가 나중에 이름을 바꾼 에이티앤티[AT&T]는 미국전화전신회사로서 전화가 회사 이름에서 먼저 나온다. 반면 현재 일본의 첫째가는 통신회사 엔티티[NTT]는 일본전신전화공사라 전신이 전화에 앞선다. 어떻든 소식을 전하는 속도와 정확성에서 전신과 전화는 기존의 통신 수단을 여러모로 앞질렀다.

  벨은 왜 전화를 만들려고 했을까? 벨은 청각 장애를 가진 사람을 도울 방법을 찾고 싶었다. 일단 벨의 엄마가 벨이 열두 살 때부터 청력을 잃기 시작했다. 이후 벨은 청각 장애인을 가르치는 교사가 되었다. 스물다섯 살에는 보스턴에 자신의 청각 장애인 학교를 열었다. 벨이 직접 가르친 학생 중에 시각 청각 장애인으로서 세계 최초로 대학을 졸업한 헬렌 켈러가 있다. 또 벨은 자신이 가르친 열 살 연하의 청각 장애인 메이블 허바드와 결혼했다. 벨은 평생토록 스스로를 "청각 장애인의 교사"로 칭했다.

  벨은 학교 성적이 뛰어난 학생은 아니었다. 사실 잦은 결석과 시시한 점수로 점철된 벨의 고등학교 기록을 보면 "중간은 간다"는 말도 후한 평가였다. 벨은 에딘버러대학과 유니버시티칼리지런던을 띄엄띄엄 다니다 결국 졸업도 하지 못했다. 그마저 배운 분야는 전기 엔지니어링이 아닌 해부학과 생리학이었다. 벨은 전화의 작동 원리를 오로지 독학으로 익혔다. 즉 벨에게 전화의 발명은 일종의 곁가지 프로젝트였다.

미국의 전신을 개척한 새뮤얼 모스는 벨보다도 더 의외의 인물이었다. 1791년 칼뱅주의 목사의 아들로 태어난 모스가 졸업한 학교는 예일대학이었다. 1701년 코네티컷의 청교도 신학교로 설립되었던 이 학교는 1718년 일라이후 예일이 상당한 돈을 기부하면서 이름이 예일대학으로 바뀌었다. 예일은 영국 동인도회사의 마드라스 총독을 지내며 노예무역을 관리하며 부정한 방법으로 한몫 단단히 챙긴 사람이었다.

모스가 예일대학에서 공부한 전공은 종교철학, 그리고 히폴로지, 즉 말을 연구하는 학문이었다. 돈독한 개신교 신앙 외에 모스의 마음을 끌어당기는 건 바로 그림이었다. 1811년 영국으로 건너간 모스는 1815년까지 왕립미술원에서 회화와 조각을 배웠다. 이후 모스는 화가로서 탄탄한 길을 걸었다. 1826년 미국디자인아카데미를 설립하고 19년간 대표를 지냈으며 1832년 뉴욕대학의 미술 교수가 되었다. 한마디로 그는 한평생의 직업이 미술가였다.

모스가 전신을 만들게 된 곡절은 뭐였을까? 벨과 마찬가지로 애달픈 가정사가 있었다. 모스는 스물일곱 살 때인 1818년 루크리셔 워커와 결혼했다. 1825년 초 모스는 코네티컷 뉴헤이븐의 집을 떠나 워싱턴 D.C.에 머물렀다. 프랑스 군인으로서 미국 독립전쟁에 자원해 참전한 질베르 드 모티에, 즉 라파예트 후작의 미국 여행에 맞춰 그의 초상화를 그리기 위해서였다.

그런데 셋째 아이를 낳은 직후 워커의 상태가 악화됐다. 위독하다는 전갈을 듣자마자 모스는 집으로 달려갔지만 이미 워커가 숨을 거둔 뒤였다. 그게 소식을 빨리 전할 방법을 찾겠노라고 모스가 입술을 깨문 계기였다. 워커를 깊이 사랑했던 모스가 재혼한 때는 그로부터 23년 뒤였다.

이처럼 개인적인 이유나 동기는 혁신을 이루는 데 도움이 될 때가 많다. 그렇지만 그게 필요조건은 아니다. 혁신은 특별한 이유 없이도 벌어질 수 있다. 가령, 상업용 전신을 최초로 시작한 윌리엄 쿡의 아버지는 외과 의사면서 영국 더럼대학의 해부학 교수였다. 자신의 아들이 자기와 같은 길을 걷기를 원한 건 자연스러운 일이었다. 쿡은 영국에서 가장 오래된 의학교가 있는 에딘버러대학에 들어갔다.

공부가 쉽지 않았던지 쿡은 스무 살 때 학교를 그만두고 영국군에 입대했다. 쿡이 입대한 부대는 과거 일라이후 예일이 총독으로서 지휘했던 마드라스군이었다. 마드라스군 외에도 벵갈군과 봄베이군을 직할 부대로 둔 영국 동인도회사는 약 20만 명의 병력을 부렸다. 즉 영국의 마드라스군과 인도의 관계는 1930년대 일본의 관동군과 만주국의 관계와 같았다. 쿡은 마드라스군에서 5년간 복무했다.

영국으로 돌아온 쿡이 아버지로부터 의사가 되라는 압박을 받은 건 당연했다. 쿡은 프랑스 파리대학에서 의학 공부를 시작했다. 얼마 지나지 않아 쿡은 다시 독일 하이델베르크대학으로 옮겼다. 그는 그때까지 좀처럼 의사가 될 자질을 보여주지 못했다. 서른 살 때인 1836년 쿡은 우연히 하이델베르크대학 물리학 교수 게오르크 문케의 전신 실험을 보았다. 아버지의 오랜 소망을 집어던진 쿡은 이후 죽을 때까지 전신의 개발과 실현에만 매달렸다.

　요약하면 청각 장애인의 대학 중퇴자 선생, 아내의 임종을 지키지 못한 것이 한이 됐던 화가, 학업이 버거워 군대로 도피했던 의대생이 유선 통신을 연 선구자였다. 즉 그들 모두는 말하자면 아마추어 마니아였다.

눈에 보이지 않는 전파, 무선을 통한 첫 신호의 시작

전신과 전화는 편리했지만 한 가지 문제가 있었다. 이를 사용하려면 우선 땅에 전선을 묻어야 한다는 점이었다. 그건 불가능하지는 않지만 손이 가고 돈이 많이 드는 일이었다. 한편 절연만 잘하면 바다를 건너 통신하는 것도 가능했다. 1866년 영국의 이점바드 브루넬이 디자인한 증기선 그레이트 이스턴은 최초로 대서양 횡단 전신선을 놓았다. 그럼에도 고정된 위치에서만 소식을 주고받을 수 있다는 건 여전한 한계였다. 전선을 깔지 않고 통신할 방법이 있다면 환영 받을 일이었다.

1886년 독일의 하인리히 헤르츠가 전자기파의 존재를 실험으로 증명하면서 무선 통신의 가능성이 열렸다. 전자기파 혹은 전자파란 1860년대에 영국의 제임스 맥스웰이 전기장과 자기장을 통합한 유려한 미분 방정식을 얻으면서 그 존재를 예측한 파동이었다. 맥스웰은 빛, 즉 가시광선과 적외선, 자외선 등도 결국 전자기파의 일부라고 생각했다. 헤르츠가 확인한 대로 눈에 보이지 않는 전자기파를 인공적으로 만들고 또 재는 게 가능하다면 그걸로 전신을 갈음하지 말란 법이 없었다.

그걸 최초로 실현한 사람은 잘 알려진 대로 이탈리아의 굴리엘모 마르코니다. 마르코니는 학교를 전혀 다니지 않고 모든 걸 가정 교사에게 배울 정도로 집안이 부유했다. 구체적으로 마르코니의 엄마는 아일랜드 위스키 회사 제이머슨^{Jameson} 증류소 창업자 존 제이머슨의 손녀였다. 1894년 헤르츠가 서른여섯 살의 한창때에 요절하면서 그의 실험 방법 등이 널리 소개되었다. 스무 살의 마르코니는 그걸 따라 한 끝에 결국 무선 전신의 길을 열었다.

마르코니가 사용한 전자기파는 처음에는 헤르츠파라고 불렸다. 그러다 20세기 초반부터 라디오파라는 이름을 새로 얻었다. 라디오^{radio}는 바퀴살과 빛살을 뜻하던 라틴어 라디우스^{radius}를 가져와 만든 말이었다. 같은 철자의 영어 단어가 반지름을 뜻하는 이유가 바로 바퀴살의 길이로 반지름이 상징되기 때문이다. 이후 사람들은 라디오파를 이용한 음성 방송이나 그 방송을 듣게 해 주는 기기를 가리켜 그냥 라디오라고 부르기 시작했다. 오늘날 우리가 라디오라는 단어를 쓰게 된 연유다.

마르코니의 무선 전신은 어떤 반응을 불러일으켰을까? 일단 대다수 사람은 무관심했다. 마르코니는 자신의 조국이 진가를 알아봐 주기를 기대하며 이탈리아의 우편통신부 장관에게 편지를 썼다. 하지만 아무리 기다려도 답장은 오지 않았다. 반면 무선 전신에 적대심을 보이는 곳은 확실히 있었다. 이미 단단히 자리 잡은 전신 회사였다. 무선 전신이 가능해지면 그들로서는 위협적인 경쟁자가 생기는 셈이었다.

마르코니를 반기는 곳은 딱 하나였다. 바로 군대였다. 그것도 당시 세계 제일의 강대국인 영국의 해군이었다. 영국은 마르코니에게 엄마의 모국이기도 했다. 영국 해군은 바다에서 군함 간 통신을 무선으로 하는 가능성을 높이 샀다. 게다가 그건 깜깜한 밤이나 궂은 날씨에도 어려움 없이 쓸 수 있을 터였다. 영국 정부는 마르코니에게 특허를 주고 회사를 세우게 한 뒤 누구보다 빨리 무선 전신을 받아들였다. 1901년 마르코니는 무선 전신으로 대서양을 횡단하는 데 성공했고, 1902년에는 영국에서 뉴펀들랜드까지 통신을 이어 보였다.

보통은 여기서 얘기를 그치지만 마르코니에 대해 할 이야기가 조금 더 있다. 마르코니는 나이가 들면서 점점 이탈리아를 자신과 동일시했다. 그런 마르코니에게 1922년 우여곡절 끝에 이탈리아의 정권을 쥔 베니토 무솔리니는 영웅이었다. 알고 보면 무솔리니는 열아홉 살 때 병역을 면하려고 스위스로 도망갔던 초등학교 교사 자격 보유자였다. 아무튼

1923년 마르코니는 마흔아홉 살의 나이로 무솔리니의 국가 파시스트당에 입당했다.

다음 해 마르코니는 19년간 살아온 영국인 아내와 이혼하고자 피우메 자유국[1]에 갔다. 돌발적으로 4년 전에 생긴 피우메 자유국은 다수의 이탈리아인이 살지만 이탈리아와는 달리 이혼이 허용되는 곳이었다. 그가 이혼한 지 열흘 뒤 이탈리아와 유고슬라비아는 로마 조약을 맺어 피우메 자유국을 적당히 나눠 가졌다. 이후 마르코니는 자신보다 스물일곱 살 어린 스물여섯 살 먹은 이탈리아 귀족과 다시 결혼했다. 이탈리아 왕 비토리오 에마누엘레 3세는 후작의 작위를, 무솔리니는 이탈리아 왕립학술원의 회장 자리를 주어 마르코니를 치하했다.

---

1 당시 이탈리아계 민족주의자 가브리엘레 단눈치오가 1919년 세운 사실상의 독립 지역

빛살이 아닌
가오리에서 비롯된 해군의 무기

세계의 대양을 지배하는 영국 해군과 정면으로 맞붙어 이길 해군은 드문 게 아니라 아예 없었다. 영국의 군함은 누구보다 큰 포를 가졌고 배가 크면서도 빨랐으며 그 수도 많았다. 게다가 마르코니의 무선 전신이 갖는 잠재력을 제일 먼저 알아차릴 만큼 기술적으로도 앞서 있었다.

1854년 러시아와 오스만 제국[2]이 맞붙은 크림 전쟁에서 영국 해군이 프랑스 해군과 함께 러시아 수도 상트페테르부르크의 외항 크론시타트 앞에 진을 쳤다. 러시아의 물자 수입을 막아 말려 죽이려는 해상 봉쇄가 1차 목표고, 러시아 해군의 주력인 발트해 함대를 박살 내 단숨에 상트페

---

2 현 튀르키예

테르부르크로 진격하는 게 2차 목표였다. 군함 수와 화력에서 밀리는 발트해 함대는 외해로 나가 함대 간 결전을 벌일 엄두를 내지 못하고 항구에 웅크려 있었다.

보통 때라면 영국과 프랑스 해군이 항구로 난입해 결판을 내기 십상이었다. 이번엔 함부로 그럴 수가 없었다. 영국 해군의 봉쇄를 예측한 러시아 해군의 신무기 때문이었다. 바로 기뢰였다. 기뢰는 바닷속에 설치된 폭발물이었다.

러시아 해군이 사용한 기뢰는 두 종류였다. 각각의 개발자는 엔지니어링 세계에서 큰 이름을 남긴 사람과 가족 관계였다. 그중 한 명이 임마누엘 노벨이었다. 임마누엘 노벨의 셋째 아들이 다이너마이트를 발명한 알프레드 노벨이었다. 다른 한 명은 모리츠 야코비였다. 모리츠 야코비의 세 살 어린 친동생이 공업 수학을 배우다 보면 피해 갈 수가 없는 카를 야코비였다. 대표적으로 야코비 행렬과 야코비 행렬식이 바로 카를 야코비의 결과물이었다.

원래 스웨덴 태생인 임마누엘 노벨은 스웨덴왕립농업아카데미에서 공부한 기계 엔지니어였다. 이후 창업한 자신의 기계 공장이 파산하면서 서른일곱 살 때인 1838년 러시아로 이주했다. 한번 제대로 망해 본 데다가 아내와 네 아들을 먹여 살려야 했던 임마누엘 노벨은 돈이 되는 건 뭐든지 손을 댔다. 솜씨가 나쁘지 않았던 그의 러시아 비즈니스는 꽤 꽃을 피웠다. 가령 바퀴 허브를 제작하는 공작 기계나 난방용 보일러는 뛰어난 성능으로 이름이 높았다. 1853년에는 군함에 장착될 11기의 증기기관을 러시아 해군에 납품하는 실적을 올리기도 했다.

임박한 영국, 프랑스와의 전쟁에서 러시아의 고민이 무엇인지를 임마누엘 노벨도 모르지 않았다. 바다에 폭탄을 설치해 크론시타트를 방어한다는 아이디어는 완전히 새로운 건 아니었다. 1777년 미국 독립 전쟁 때 예일대학을 갓 졸업한 서른일곱 살의 데이비드 부시넬은 화약을 채운 작은 맥주통을 물에 띄워 영국 해군의 6등급 프리깃 HMS 세버러스를 공격했다. 부시넬의 맥주통은 세버러스 대신 그 옆의 소형 보트를 가라앉히는 데 그쳤다.

그게 전부가 아니었다. 회전하는 원통 탄창이 달린 리볼버 권총을 개발한 새뮤얼 콜트는 1836년 회사를 세웠지만 10년 넘도록 기대만큼 권총이 안 팔려 고생했다. 콜트는 눈을 돌려 새뮤얼 모스를 위해 강과 호수를 통과할 절연 전신선을 개발했다. 이어 1842년 당시 미국 대통령 존 타일러와 미국 해군 앞에서 자신의 절연 전신선에 연결된 수중 폭탄을 터트려 움직이는 배를 침몰하게 만들었다. 그러나 그러한 수법은 "공정하고 정직한 전투가 아니며, 기뢰는 비기독교적인 장치"라고 반대한 존 퀸시 애덤스를 넘어서지 못했다. 존 퀸시 애덤스는 미국의 2대 대통령 존 애덤스의 맏아들이자 1825년부터 4년간 미국 대통령이었다.

러시아 해군은 노벨과 야코비의 기뢰를 처음엔 같이 썼다. 하지만 이내 한쪽의 열등이 실전에서 드러났다. 바로 노벨의 기뢰였다. 그의 기뢰는 설치 중에 느닷없이 폭발하고, 폭발해야 할 때는 폭발하지 않고, 또 전선이 끊겨 제멋대로 떠다니는 골칫덩어리였다. 사실 일흔 살의 나이로 갑자기 러시아 육군과 해군의 총사령관으로 임명된 알렉산드르 멘시코프와 임마누엘 노벨이 가깝지 않았다면 기뢰 납품은 한갓 꿈으로 끝날 일이었다. 40대 때 해양 장관과 핀란드 총독을 지낸 멘시코프는 군사적으론 무능한 귀족이었다.

반면 프로이센 태생인 야코비가 만든 기뢰는 훨씬 위협적이었다. 알고 보면 그는 전신에서도 발자취를 남긴 사람이었다. 1820년대부터 러시아의 파벨 쉴링은 러시아 황제 니콜라스 1세 앞에서 작동하는 전신 시제품을 선보였다. 1836년 니콜라스 1세는 상트페테르부르크와 크론시타트를 연결하는 전신선 설치를 결정했다. 그러나 다음 해 쉴링이 암으로 숨지면서 러시아의 전신선 설치는 지연되었다. 이를 이어받아 1841년 상트페테르부르크와 '황제의 마을'을 뜻하는 차르스코예 셀로 사이에 전신선을 설치한 사람이 야코비였다.

기뢰를 뜻하는 대표적인 영어 단어를 있는 그대로 우리말로 옮기면 '해군 지뢰'다. 광산을 의미하는 단어 마인^{mine}에 '땅속에 묻은 폭발 장치'라는 뜻이 추가되면서 바다에 설치한 폭탄을 그렇게 부르게 되었다. 그런데 초창기에 기뢰를 가리키는 말은 따로 있었다. 그건 바로 토르피도^{torpedo}였다.

토르피도는 전기가오리를 가리키는 단어다. 전기가오

리는 몸에서 만든 전기를 발산해 주위의 먹잇감이 정신을 잃도록 만든 후 잡아먹는다. 토르피도라는 단어는 '감각을 잃어 멍한'을 뜻하는 라틴어 토르페레^{torpēre}에서 유래했다. 바다 생물이 전기가오리의 전기에 쏘이면 꼼짝 못하게 되듯이 배가 기뢰에 닿으면 오도가도 못하게 된다는 뜻에서 기뢰를 토르피도로 부른 거였다. 앞서 나왔던 데이비드 부쉬넬이 영국 해군 함선을 공격한 자기의 잠수정을 가리켜 미국의 "거북 혹은 전기가오리"라고 부른 게 그 시초였다.

가오리를 뜻하는 영어 단어는 레이^{ray}다. 그래서 전기가오리를 일렉트릭 레이라고 부르기도 한다. 한편 레이에는 빛살이라는 뜻도 있다. 빛살을 뜻하는 레이는 앞에서 라디오파를 설명할 때 나온 반지름을 뜻하는 라틴어 라디우스에서 유래했다. 반면 가오리의 레이는 가오리를 가리키는 라틴어 라이아^{raia}에서 왔다. 즉 가오리와 빛살의 영어 단어 철자가 같은 건 그냥 우연의 일치다.

1855년 2월 멘시코프의 뒤를 이어 미하일 고르차코프가 러시아군 총사령관이 되면서 크론시타트 방어는 온전히 독일계 제독 표도르 리트케의 책임이 되었다. 이후 리트케는 노벨의 기뢰 사용을 중단하고 야코비의 기뢰만 구매했다. 300기 이상의 야코비 기뢰가 깔린 크론시타트 주변을 영국 해군은 크림 전쟁이 끝날 때까지 감히 접근하지 못했다. 기뢰 주문이 끊기고 평판도 나빠진 임마누엘 노벨의 회사는 몇 년 후 다시 파산했다.

해전의 판도를 바꾼
피우메 혹은 리예카

기뢰는 무서운 무기였지만 한 가지 결정적인 약점이 있었다. 그건 방어나 항구 봉쇄 같은 수동적인 임무에만 소용이 있을 뿐 공격에는 쓸 수 없다는 점이었다. 공격한다고 함부로 기뢰를 뿌렸다가는 오히려 자기 발등을 찍는 꼴이 되기 마련이었다. 기뢰는 적군과 아군을 가리지 않고 터졌다.

그러한 기뢰의 한계를 뛰어넘는 새로운 무기가 어디서 생겨났을까? 방금 전 질문을 받으면 많은 이들은 영국이나 기뢰의 역사가 깊은 미국 혹은 기뢰를 실전에서 제대로 써 본 러시아를 떠올린다. 특히 기뢰의 효과를 직접 맛본 데다가 세계 최강의 해군을 가진 영국이 정답처럼 느껴지기 쉽다.

이 중 정답과 가장 거리가 먼 나라가 영국이었다. 함포의 위력과 수로 대양의 패권을 거머쥔 영국 해군은 그러한 자신의 교리를 벗어날 생각이 없었다. 그건 1등에 올라선 모든 조직의 숙명과도 같은 족쇄였다. 영국 해군은 이미 입증된 과거의 성공 공식을 반복하는 게 최선이라고 믿었다. 즉 더 크고 강하고 힘센 포를 가진 군함의 건조가 유일한 관심거리였다.

기뢰의 한계를 넘어선 무기는 해군의 변방이라 불러도 실례가 아닐 나라에서 비롯되었다. 바로 오스트리아였다. 오스트리아는 16세기 이래로 유럽 대륙을 호령하는 육군 강국이었지만 해군은 보잘것없었다. 그도 그럴 것이 오스트리아가 처음으로 항구 도시를 가진 때가 해상 강국 베네치아의 눈엣가시였던 트리에스테가 자발적으로 오스트리아에 복속한 1382년이었다.

이후 전쟁보다 정략결혼에 능한 합스부르크 가문의 영토가 불어나면서 오스트리아는 한때 네덜란드, 나폴리, 사르데냐 등을 지배했다. 이 나라들은 모두 섬이거나 바다에 면한 곳이었다. 그럼에도 오스트리아는 본격적인 해군을 가질 생각 없이 현지 해군을 그대로 활용하는 수준에 그쳤다. 1815년 이래로 오스트리아 해군의 근거지는 아드리아해의 베네치아, 트리에스테, 풀라[3] 정도가 다였다.

그리고 마르코니가 이혼하러 갔던 피우메가 있었다. 현

---

3   현 푸라

재는 크로아티아의 영토로서 리예카라고 불리는 피우메는 1779년부터 헝가리 왕국의 자유항이 되었으나 합스부르크 군주국의 영향권에 속했다. 1813년 피우메에서 태어난 지오반니 루피스는 1802년에 베네치아에 최초로 세워진 풀라 해군사관학교를 졸업했다. 루피스의 부모는 각각 이탈리아계와 크로아티아계였다. 오스트리아 해군에서 복무한 루피스는 중령으로 예편했다.

19세기 중반 오스트리아 해군의 누군가가 기뢰를 공격용으로 개조할 생각을 했다. 이름도 전해지지 않는 그 장교는 압축 공기로 추진되는 보트에 폭발물을 실은 후 보트에 연결해 놓은 밧줄을 당겨 방향을 바꾼다는 개념을 종이에 끄적거렸다. 그가 죽은 후 공격용 기뢰의 개념도가 루피스에게 전해졌다. 앞으로 나아가고 방향 조종도 된다는 개념이 마음에 들었던 루피스는 손수 두 종류의 시제품을 만들었다. 루피스의 엉성한 일명 '해안 구원기 coast saver'는 1860년의 시연에서 오스트리아 황제 프란츠 요제프에게 밋밋한 인상을 남기는 데 그쳤다.

1864년 루피스는 지인의 소개로 자기보다 열 살 어린 로버트 화이트헤드를 만났다. 영국 태생으로 맨체스터에서 엔지니어링을 배운 화이트헤드는 프랑스 툴롱의 조선소에서 일을 시작한 뒤 밀라노, 트리에스테를 거쳐 1856년 피우메기술공장에 취직했던 터였다. 피우메기술공장은 오스트리아 해군이 쓸 증기기관과 보일러를 제작하는 회사였다.

화이트헤드는 루피스의 구체적인 디자인은 버리고 개념만 받아들였다. 많은 시도 끝에 1866년 마흔세 살의 화이트헤드는 압축 공기로 프로펠러를 돌려 물속을 항행하는 물건을 만드는 데 성공했다. 즉 오늘날의 진정한 토르피도, 즉 어뢰를 개발한 거였다. 당시의 명칭은 독일말로 '기뢰 배'였다.

화이트헤드의 시제품 시연을 본 오스트리아는 1867년부터 그의 추가 개발을 적극 뒷받침했다. 가능성을 본 데다가 어차피 가진 게 많지 않은 오스트리아 해군은 어뢰 개발이 실패해도 잃을 게 별로 없었다. 오스트리아는 1873년 피우메기술공장이 파산하자 화이트헤드로 하여금 그 시설을 바탕으로 화이트헤드 어뢰 제조소 Whitehead Torpedo Works라는 회사를 세우도록 했다. 화이트헤드는 제1차 세계대전 때까지 전 세계 어뢰 생산을 사실상 독점하면서 돈방석 위에 앉았다. 오스트리아 황제 프란츠 요제프는 화이트헤드를 끌어들인 루피스에게 남작 작위를 내렸다.

화이트헤드는 자신의 어뢰로 돈만 번 게 아니었다. 오스트리아 해군은 화이트헤드가 추가 개발하는 어뢰를 발사 시험할 수 있도록 소형 포함을 피우메에 배치했다. 포함의 함장인 20대 중반의 중위는 아직 10대인 화이트헤드의 둘째 딸과 사랑에 빠졌다. 둘은 1869년에 결혼했다. 중위는 알고 보니 오스트리아의 호요스 공작위 계승자였다. 1871년에 태어난 그 둘의 큰딸은 1892년 비스마르크의 장남 헤르베르트

폰 비스마르크와 결혼했다. 오토 비스마르크가 재상에서 물러난 지 2년 뒤의 일이었다.

그게 다가 아니었다. 1891년에 태어난 화이트헤드의 친손녀 아가테는 1909년 오스트리아 해군의 270톤급 잠수함 U-6의 진수식에 참석해 샴페인병을 깼다. 서양에는 배를 처음 물에 띄울 때 반드시 여자가 뱃머리에 샴페인병을 부딪쳐 깨는 관습이 있었다. 화이트헤드 회사는 그즈음엔 어뢰뿐만 아니라 오스트리아 해군이 쓸 잠수함도 면허 생산했다.

왈츠의 나라 오스트리아답게 U-6의 진수식 날 밤 무도회가 열렸다. 거기서 아가테는 U-6의 초대 함장으로 내정된 크로아티아 태생의 대위 게오르크를 만났다. 1894년 피우메에 있던 오스트리아 해군사관학교를 졸업한 게오르크와 아직 10대의 아가테는 사랑에 빠졌다. 둘은 1911년에 결혼했다. 게오르크는 3년 뒤에 시작된 제1차 세계대전에서 합계 만 7천 톤이 넘는 11척의 상선과 만 2천 톤 급의 프랑스군 장갑순양함 및 이탈리아군 잠수함을 격침하는 전과를 올렸다. 그의 격침 기록은 톤수와 척수 양쪽으로 오스트리아 해군의 모든 잠수함 함장 중 제일 높았다.

오스트리아가 전쟁에 지면서 소령으로 예편한 게오르크는 아가테가 물려받은 막대한 유산으로 왕이 부럽지 않은 삶을 살았다. 1922년 아가테가 성홍열로 죽자 게오르크는 일곱 자녀와 함께 잘츠부르크 외곽으로 이사했다. 1926년 둘째 딸이 성홍열을 앓자 근처의 논베르크 수녀원에서 마리아라는 이름의 수녀를 둘째 딸의 가정 교사로 들였다. 1927년 마흔일곱 살의 게오르크는 스물두 살의 마리아와 다시 결혼했다. 1935년 게오르크는 잘못된 결정으로 아가테가 남긴 유산 대부분을 날렸다.

1938년 안슐루스, 즉 독일의 오스트리아 합병이 이뤄지면서 오스트리아 해군의 잠수함 에이스였던 게오르크에게 독일 해군의 잠수함 부대로 영광스럽게 합류하라는 요청이 들어왔다. 이미 예순을 바라보던 게오르크는 독일군이 되는 게 최선의 선택이 아니라고 판단했다. 게오르크의 가족은 같은 해 이탈리아를 거쳐 미국으로 건너갔다. 이후 그들은 유럽과 미국을 돌며 가족 합창단으로 활동했다.

짐작한 대로 게오르크와 그의 가족은 줄리 앤드루스가 주연한 영화 〈사운드 오브 뮤직〉의 소재가 되었던 실존 인물이다. 1947년에 미국에서 예순일곱 살로 죽은 게오르크의 성이 바로 폰 트랍이다. 단, 트랍 가족 합창단은 영화에 나온 것처럼 체포를 아슬아슬하게 피해 알프스산맥을 걸어 국경을 넘지 않았다. 이탈리아 국적도 가지고 있던 그들은 여행 가듯 기차를 타고 알프스산맥을 넘어 이탈리아로 갔다.

오스트리아 배우가 완성한
어뢰의 유도 혁신

화이트헤드의 어뢰는 곧바로 강력한 힘을 실전에서 드러냈다. 1878년 튀르키예 해군의 증기선 인티바는 러시아 해군 어뢰정이 발사한 화이트헤드 어뢰에 맞아 침몰했다. 이는 해군 함정이 어뢰로 침몰된 최초의 사례였다. 1904년 러일전쟁에서는 양측이 합쳐 300발 이상의 어뢰를 서로 쏜 끝에 전함 1척, 장갑 순양함 2척, 구축함 2척이 수장되었다. 하도 무섭게 날뛰니까 이를 상대하고자 '어뢰정 구축함'이라는 새로운 군함 종류가 생길 정도로 어뢰정은 골치 아픈 상대였다. 그게 오늘날까지도 사용되는 구축함의 시작이었다.

초창기 어뢰의 기술상 어려움은 똑바로 가는 거였다. 물속에서 받는 압력이 완벽히 고르지 않아 어뢰가 한쪽으로 휘기 십상이었다. 그건 위아래와 좌우 모두에 해당되는 이야기였다. 화이트헤드의 어뢰에는 이에 대처하려고 미리 설정해 놓은 물의 깊이를 기준으로 어뢰가 위아래로 오르락내리락하게 하는 기계식 제어 장치가 있었다. 또 나중에는 좌우로도 똑바로 가게 해 주는 자이로스코프라는 기계 장치도 장착했다.

똑바로 가는 게 가능하다면 그다음은 루피스가 꿈꿨던 것처럼 어뢰를 원하는 대로 목표를 향해 가게 만드는 것일 터였다. 1877년 아일랜드에서 태어나 오스트레일리아로 이주한 루이스 브레넌은 눈으로 보면서 쇠줄을 당기거나 풀어 수심을 조절하는 어뢰를 만들었다. 나중에 영국 육군은 브레넌의 어뢰를 좌우로 방향을 바꾸도록 개조해 해안 경비용으로 사용했다. 이러한 방식은 배에서 쏘기엔 적합하지 않았다.

어뢰를 목표로 향하게 하는 수단이 기계적인 쇠줄만 있을 리는 없었다. 실제로 제2차 세계대전 말 독일 루르철강의 막스 크라머가 개발한 공대공 미사일 X-4와 대전차 미사일 X-7은 공식적인 실전 기록은 없지만 전선으로 유도되는 미사일이었다. 그러므로 미사일보다 한참 느린 어뢰를 전선으로 유도하는 건 불가능한 일은 아니었다. 실제로 오늘날에도 사용되는 미국의 마크 48 중어뢰는 뒤에 달린 전선으로 전기 신호를 보내 방향을 유도하는 어뢰다. 즉 전선을 통해 신호를 멀리 보낸다는 윌리엄 쿡의 생각은 어뢰에도 해당되는 얘기였다. 다만 1950년대까지 어느 나라도 유선 유도 어뢰를 만든 적은 없었다.

전선이 필요 없는 무선 유도는 사실 어뢰에 쓰기 더 적합했다. 예일대학을 졸업한 존 해먼드는 1929년 라디오파로 제어하는 어뢰의 시제품을 미국 해군에게 선보였다. 무선으로 유도되는 어뢰는 수상함뿐만 아니라 뇌격기가 발사하기에도 좋았다. 1943년 독일 공군은 어뢰는 아닐지언정 막스 크라머가 개발한 무선 유도 폭탄 X-1, 일명 프리츠 X로 만재 배수량이 4만 6천 톤인 이탈리아 해군의 리토리오급 전함 3번함 로마를 격침하기도 했다.

그런데 여기엔 한 가지 결정적인 문제가 있었다. 유도에 사용되는 라디오파의 주파수만 확인하면 그걸 못 쓰게 만드는 건 일도 아니었다. 같은 주파수로 더 세기가 강한 라디오파를 쏘면 어뢰는 신호와 소음을 구별하지 못해 먹통이 됐다. 실제로도 2차대전 중 연합국은 X-1의 존재를 깨닫자마자 이를 효과적으로 무력화했다. 이러한 방법은 마치 끈적끈적한 잼으로 무선 신호를 옴짝달싹 못 하게 만든다는 의미에서 재밍이라고 불렸다.

헤드비히 키슬러는 1914년 오스트리아 빈에서 태어났다. 키슬러는 평생 전쟁과 관계가 깊었다. 일단 태어난 때가 제1차 세계대전이 개전된 지 약 100일 뒤였다. 키슬러의 아빠는 오스트리아-헝가리에서 서너 번째 가는 은행의 임원이었고 엄마는 부다페스트 태생의 피아니스트였다. 키슬러는 유복한 환경에서 자랐지만 아들을 바랐던 엄마가 딸인 자신을 좋아하지 않는다고 느끼며 자랐다.

키슬러는 어려서부터 연기에 관심을 보였다. 열두 살 때는 빈에서 열린 미인 선발 대회에 나가 우승하기도 했다. 열다섯 살에 엑스트라로 데뷔한 키슬러는 이미 2년 후인 1932년 개봉한 독일 영화에서 주역을 맡을 정도로 연기 재능을 보였다. 1933년에 키슬러가 주연한 〈엑스터시〉는 감독 구스타프 마하티에게 베니스국제영화제 최초 감독상을 안겼다.

유명해진 키슬러를 쫓아다니는 사람이 없을 리 없었다. 그중 가장 끈질긴 이가 프리드리히 만들이었다. 키슬러보다 열네 살 많았고 이미 한 번 이혼한 만들은 오스트리아의 무기 회사인 히르텐베르크 화약공장의 2세였다. 특히 만들의 회사는 화이트헤드의 어뢰를 면허 생산했다. 1933년 8월 만들과 키슬러는 결혼식을 올렸다. 만들은 오로지 자신이 원하는 일만 하도록 키슬러를 억압했다.

만들의 극단적인 통제를 견디다 못한 키슬러는 1937년 파리를 거쳐 런던으로 갔다. 거기서 만난 사람이 영화사 엠지엠MGM, 즉 메트로 골드윈 메이어의 공동창업자 중 한 명인 루이스 메이어였다. 엠지엠과 전속 영화 배우 계약을 맺은 키슬러는 미국으로 건너갔다. 메이어는 키슬러에게 헤디 라마르라는 예명을 지어 주면서 키슬러를 "세상에서 가장 아름다운 여인"으로 홍보했다. 키슬러는 1938년부터 1958년까지 모두 25편의 할리우드 영화에 출연했다. 특히 1949

년에 개봉한 〈삼손과 데릴라〉는 제작비의 여덟 배가 넘는 극장 매표 수익을 거뒀다.

    키슬러는 비슷한 시기에 미국에 정착한 동포와 교류했다. 바로 오스트리아 해군의 잠수함 에이스 게오르크 폰 트랍이었다. 만들의 사업상 접대 자리에 늘 참석해야 했던 키슬러는 어뢰에 대해 들은 게 많았다. 가령 전파 방해, 즉 재밍 때문에 어뢰를 라디오파로 유도하는 게 현실적으로 어렵다는 걸 알았다. 결과적으로 키슬러는 트랍을 만났을 때 꽤 식견이 있는 이야기를 나눴다. 그러한 연유로 영화 〈사운드 오브 뮤직〉에 나오는 트랍 가족의 집 장면 중 일부는 키슬러의 오스트리아 집을 빌려 찍었다.

    1940년 키슬러는 할리우드의 한 파티에서 조지 앤타일을 만났다. 앤타일은 전위적인 아방가르드풍의 영화 음악 작곡가였다. 키슬러는 오스트리아를 흡수한 독일과 맞서 싸우는 연합국을 위해 뭔가 기여를 하고 싶었다. 나중에 키슬러는 미국의 전쟁 채권을 미국 대중에게 파는 일을 기꺼이 했다. 베를린과 파리에서 모두 살아 본 앤타일은 프랑스를 좋아하고 독일은 싫어했다.

    키슬러와 앤타일의 대화는 어쩌다 어뢰 이야기로 빠졌다. 앤타일은 자신의 전위적인 음악에서 여러 대의 피아노를 피아노 롤, 즉 어느 건반을 칠 지를 피아노에게 알려주는 구멍 뚫린 두루마리 종이로써 동시에 연주했던 경험을 꺼냈다. 키슬러는 똑같은 피아노 롤 두 개를 작게 만들어 어뢰와 라디오 송신기에 넣으면 피아노 건반 개수와 같은 88개의 주파수를 재밍될 염려 없이 바꿔가며 유도할 수 있겠다는 생각을 했다. 마침내 1942년 키슬러와 앤타일은 "비밀 통신 시스템"이라는 이름의 미국 특허를 받았다. 이때는 키슬러가 영화배우로서 최전성기로 영화를 1년에 세 편씩 찍던 때였다.

키슬러는 자신의 특허를 미국 해군에 제안했다. 미국 해군은 유명 영화배우의 발명을 진지하게 받아들이지 않았다. 그들이 보기에 키슬러는 심각한 발명을 하기에는 너무 아름다웠다. 미국 해군이 거절하자 키슬러는 더 이상 비밀 통신 시스템에 마음을 두지 않았다. 키슬러는 영화 찍는 도중 시간이 날 때마다 열심히 전쟁 채권을 팔러 다녔다.

1950년대 말 미국 해군은 비밀 통신 시스템의 피아노 롤을 트랜지스터로 바꾼 무선 통신 시스템을 몰래 개발했다. 20년간 유효한 키슬러와 앤타일의 특허가 아직 만료되기 전의 일이었다. 이러한 무선 통신 시스템은 1962년 쿠바 미사일 위기 때 미국 해군의 모든 군함이 사용했다. 키슬러와 앤타일은 아무런 보상을 받지 못했다. 키슬러는 그저 스크린 속 미모의 배우로 기억되었을 뿐, 발명가로서의 성취는 철저히 묻혔다. 앤타일 역시 급진적 음악가로만 인식되었다. 두 사람이 남긴 특허는 오랫동안 빛을 보지 못했다.

그러다 냉전이 격화되면서 주파수를 건너뛰는 통신의 중요성이 재조명되었다. 1970년대 군사 전문가들이 뒤늦게 키슬러의 이름을 다시 꺼내기 시작했다. 그녀는 생전 오랫동안 발명 이야기를 스스로 언급하지 않았지만, 말년에는 자신이 했던 생각이 시대를 너무 앞서 있었음을 인정받는 것에 조용히 만족해했다.

    1981년 주파수를 건너뛰는 무선 통신 시스템에 대한 군사 기밀이 해제되자 회사들이 이에 벌떼처럼 달려들었다. 오늘날 블루투스에 사용되는 통신 방식은 키슬러와 앤타일의 특허와 기본 원리가 다르지 않다.

• 제2장 •

번개와 폭풍우를 감지하려던 장치는 나중에 무엇이 되었나

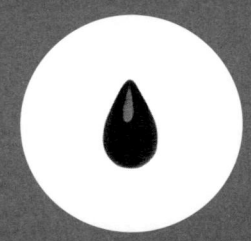

전파의 다른 쓸모를 찾아낸
교육대학 중퇴자

　　전자기파의 존재를 실험으로 증명한 헤르츠보다 두 살 어린 알렉산드르 포포프는 원래 정교회의 사제가 될 운명이었다. 정교회 사제였던 포포프의 아빠가 포포프도 자신과 같은 길을 걷기를 원했기 때문이었다. 정교회는 가톨릭교회와 다르게 사제의 결혼을 금하지 않았다. 포포프는 러시아의 예카테리닌부르크 신학교를 다녔다. 여기를 마치고 난 뒤에는 사제가 되는 마지막 관문인 대신학교, 즉 신학 대학을 갈 걸로 기대되었다.

　　포포프 아빠의 기대는 무산되었다. 포포프는 대신학교를 가는 대신 상트페테르부르크대학에 들어갔다. 거기서 물리학으로 학부를 마친 포포프는 1883년 크론시타트에 위치한 러시아해군어뢰학교의 교관이 되었다. 포포프 아빠가 아들을 기쁘게 축복할 인생의 침로 변경은 아니었다.

어쨌든 해군어뢰학교의 교관으로서 포포프는 맥스웰의 전자기파 이론과 헤르츠의 전자기파 실험을 잘 알았다. 마르코니와 거의 같은 시기에 포포프는 전자기파를 감지하고 또 이를 이용해 무선으로 신호를 보내는 장치를 만들어 시연했다. 이후 포포프는 러시아 해군의 무선 전신을 실현했다. 그래서 러시아와 불가리아에서는 마르코니가 아닌 포포프를 무선 통신의 아버지로 여긴다. 시연 결과를 정리한 포포프의 논문이 발표된 날인 5월 7일을 '라디오의 날'로 제정하고 오늘날에도 기념할 정도다.

포포프가 원래 생각한 헤르츠파의 쓰임새는 번개의 감지였다. 어디선가 번개가 친다는 건 곧 강한 폭풍우가 뒤따르거나 혹은 이미 비바람이 몰아치고 있다는 증거였다. 포포프가 만든 장치는 번개를 감지해 함대의 안전을 꾀하려는 수단이었다. 실제로 폭풍우는 적의 함대 이상으로 위험한 존재였다. 일례로 1588년 에스파냐의 일명 무적함대가 궤멸된 이유는 영국 함대의 공격 때문이 아니라 북해의 폭풍우에 휩쓸린 탓이었다. 1274년과 1281년에 원과 고려의 함대가 일본 정벌에 실패한 것도 일본인들이 '신의 바람'이라고 떠받든 태풍 때문이었다.

포포프는 번개 감지와 무선 전신 말고 또 다른 쓰임이 헤르츠파에 있을 수 있음을 지적했다. 1897년 두 척의 군함 사이의 무선 전신을 시험하던 포포프는 세 번째 군함이 나타나자 맥놀이가 발생하는 걸 관찰했다. 맥놀이란 주파수가 비슷한 두 파동이 중첩될 때 세기가 강해졌다 약해졌다를 반복하는 현상을 가리키는 말이다. 포포프는 물체를 감지하는 데 이러한 현상을 이용할 수 있다고 보고서에 썼다. 그러한 언급 외에 포포프가 실제로 했던 일은 없었다.

전자기파로 물체를 실제로 감지하려는 시도는 20세기 초반 독일에서 최초로 이루어졌다. 1881년에 태어난 크리스티안 휼스마이어는 브레멘의 사범학교, 즉 요즘 말로는 교육대학에 들어갔다. 예전의 사범학교는 고등학교 대신 가는 곳으로서 초등학교 교사를 길러내는 곳이었다.

1900년 휼스마이어는 사범학교를 중간에 그만뒀다. 독일의 엔지니어링 회사 지멘스에 취직하기 위해서였다. 휼스마이어는 채 2년이 되지 않아 지멘스를 뛰쳐나왔다. 자기 생각대로 만들고 싶은 장치가 많기 때문이었다. 그중에는 먼 거리의 폭약을 원격으로 터트리는 무선 기기도 있었다.

마르코니가 한창 자신의 무선 전신 왕국을 세워 나가던 때인 1904년 휼스마이어는 텔레모빌로스코프라는 이름의 장치로 독일 특허를 받았다. 이름이 뜻하듯이 이는 '먼 거리의 이동체를 살피는 기기'였다. 휼스마이어의 장치가 헤르츠파를 이용하는 건 틀림없었다. 즉 휼스마이어의 장치는 요즘 말로 치면 레이다^{RADAR}였다. "라디오 디텍션 앤드 레인

징[4]"의 두문자어인 레이다라는 단어는 1940년 미국 해군이 만들었다. 레이다는 적 비행기의 존재와 거리를 라디오파로 탐지하는 장치였다.

하지만 휼스마이어가 탐지하려던 이동체는 비행기가 아니었다. 라이트 형제가 첫 유인 동력 비행에 성공한 게 1903년이었던 만큼 비행기는 감안의 대상이 될 수 없었다. 휼스마이어가 염려한 이동체는 배였다. 안개가 짙게 낀다든가 밤이 캄캄하면 앞에 있는 배를 못 보고 충돌하지 말란 법이 없었다. 텔레모빌로스코프에 관심이 생긴 네덜란드의 해운 회사는 휼스마이어에게 실증을 요청했다. 1904년 6월에 로테르담 항구에서 벌어진 평가 시험은 성공적이었다.

평가 시험의 성공에도 불구하고 휼스마이어의 회사는 얼마 안 가 파산했다. 그는 텔레모빌로스코프로 영국과 미국 특허도 받았지만 소용없었다. 그럼에도 개의치 않고 그 후로도 계속 이것저것 만들었다. 백열전구를 생산할 때 쓰는 장비나 보일러 같은 게 그 예였다. 새로 설립된 휼스마이어의 회사는 고압 측정기와 녹 방지 필터 등을 1953년까지 팔았다.

그대로 사람들의 기억에서 사라져도 이상하지 않을 전자기파 탐지 장치를 다시 만든 건 영국의 로버트 왓슨와트였다. 던디대학에서 공학으로 학부를 마친 왓슨와트는 제1

---

4   Radio Detection And RAnging

차 세계대전 때 기관총탄과 독가스의 밥이 되지 않는 방식으로 영국의 전쟁 수행에 뭔가 이바지하고 싶었다. 영국의 전쟁부는 경력이 애매한 왓슨와트의 쓸데를 몰랐다. 결국 왓슨와트가 자리잡은 곳은 전쟁부가 아닌 영국 무역부 산하의 기상청이었다.

기상청에서 왓슨와트의 임무는 바로 번개의 감지였다. 19세기 중반에 설립된 기상청은 바다의 폭풍우 경보를 상선에게 내리는 임무가 있었다. 한편으로 이미 전쟁에 사용되기 시작한 비행기의 조종사에게도 천둥 번개는 위험한 기상현상이었다.

제1차 세계대전이 끝나자 역설적으로 오히려 왓슨와트가 원래 바랐던 쪽으로 일이 풀렸다. 1919년 기상청은 무역부에서 공군부 산하로 이동했다. 왓슨와트는 라디오파로 번개를 감지하는 일을 계속했다.

1935년 독일이 베르사유 조약의 군비 제한 규정을 무효로 선언하고 재무장에 나서자 영국은 마음이 급해졌다. 영국 공군부는 왓슨와트에게 새로운 과제를 주었다. 그건 바로 이른바 '살인 광선'이 현실적으로 가능한지를 확인하는 과제였다.

살인 광선은 고에너지의 전자기파를 가리키는 말이었다. 당시 독일이 이미 살인 광선을 개발했을지 모른다는 소문이 흉흉했다. 실제로 1935년 당시 예순한 살이던 마르코니는 살인 전파 발사기 시제품을 만들어 무솔리니에게 바쳤다. 마르코니는 적병을 죽이는 건 물론이고 적기도 격추할 수 있다는 자신의 전파를 두고 '평화 광선'이라고 불렀다. 이토록 강력한 무기를 가진 이탈리아를 감히 공격할 국가는 없을 거라는 이유에서였다. 2년 후 임종 자리에서 마르코니는 평화 광선을 완벽하게 만들지 못한 걸 가장 애통해했다.

그뿐만이 아니었다. 마르코니의 수준을 능가하는 전설적인 엔지니어도 여기에 한몫 거들었다. 바로 니콜라 테슬라였다. 교류 전기 모터를 만든 테슬라는 1934년 자신이 슈퍼 무기를 만들었다고 기자들에게 말했다. 테슬라가 텔레포스라고 이름 붙인 무기 역시 일종의 살인 광선이었다. 보다 구체적으로 테슬라는 자신의 텔레포스로 300킬로미터 떨어진 적군 전체를 몰살하거나 만 대 이상의 적기를 한꺼번에 떨어트릴 수 있다고 뽐냈다.

당시 일흔아홉 살이었던 테슬라는 마르코니가 1909년에 자기에 앞서 노벨 물리학상을 받은 걸 늘 괘씸하게 여겼다. 무선 전신의 가능성을 테슬라가 마르코니보다 먼저 깨달은 건 분명했다. 테슬라는 1898년 뉴욕의 매디슨스퀘어가든에서 폭탄이 실린 배를 무선으로 조종하는 걸 선보였다. 또 1915년에는 자신의 특허가 침해되었다며 마르코니의 회사를 상대로 소송을 내기도 했다.

왓슨와트의 팀은 시간이 얼마 걸리지 않아 살인 광선이 비현실적이라고 결론 내렸다. 이론적으로는 성립하지만 뭔가를 파괴하려면 당시에 가능한 수준보다 훨씬 큰 에너지가 필요하다는 이유에서였다. 이러한 확인 작업은 우연하게도 살인 광선의 다른 용도에 대한 관심으로 이어졌다. 그건 바로 잊힌 휼스마이어의 텔레모빌로스코프^{Telemobiloskop}였다. 왓슨와트의 라디오파 기기가 탐지하려는 대상은 이번에는 배가 아닌 비행기였다. 왓슨와트는 드디어 기상청에서 공군부로 소속을 옮겼다. 왓슨와트가 만든 레이다는 제2차 세계대전 중 크게 쓰였다.

제2차 세계대전이 끝나고 8년 뒤인 1953년 휼스마이어와 왓슨와트는 학회에서 만날 기회가 있었다. 토론의 사회자는 둘 중 누가 진정한 레이다의 아버지냐고 짓궂게 물었다. 휼스마이어보다 열 살 어렸던 왓슨와트는 다음처럼 못을 박았다.

"내가 레이다의 아버지죠, 반면 이분은 레이다의 할아버지고요."

숨 가쁜 혁신의 필요조건을 증명한 록히드의 스컹크 공장

1912년 형제 사이인 말콤 로우히드와 앨런 로우히드는 자신들의 비행기를 띄우는 데에 성공했다. 비즈니스 관점에서 로우히드 항공기 제작사 Loughead Aircraft Manufacturing Company 는 이후 추락을 반복했다. 제1차 세계대전이 끝나면서 미국 정부가 필요 없어진 비행기 다수를 헐값에 내놓은 탓이었다. 학을 뗀 말콤은 1919년 유압 브레이크를 만드는 회사를 차려 나갔다. 사람들이 제멋대로 발음하는 데 질려버린 말콤은 이때 아예 성을 록히드 Lockheed 로 바꿨다. 1926년에 앨런 로우히드가 10퍼센트의 자본금을 대며 세운 록히드 항공기 회사도 대공황을 거치며 이리저리 팔렸다.

1933년 미시간 앤아버대학에서 항공공학으로 학부와 석사를 마친 클라렌스 L. 존슨이 록히드에 입사했을 때 록히드에서 앨런 로우히드도 사라진 뒤였다. 존슨의 부모는 미국으로 이민 온 스웨덴인이었다. 어렸을 때부터 바이킹 같은 근성을 보여준 덕으로 존슨은 클라렌스 대신 켈리라는 바이킹식 별명으로 불렸다. 엔지니어로서 존슨은 록히드의 치프 엔지니어로부터 "저 망할 스웨덴 놈은 공기를 실제로 볼 수 있나 봐!" 하는 평가를 받을 정도로 처음부터 두각을 나타냈다.

이후 존슨은 항공 엔지니어링의 역사에 커다란 이름을 남겼다. 존슨은 P-38 라이트닝, F-104 스타파이터, 그리고 SR-71 블랙버드 같은 항공기의 디자인과 개발을 직접 이끌었다. 부연하자면, 1939년에 초도 비행을 마친 라이트닝은 프로펠러 전투기가 마주하던 시속 640킬로미터라는 속도의 벽을 처음으로 깬 프로펠러 비행기다. 날개가 워낙 짧아 단검이 연상되는 스타파이터는 음속의 두 배인 마하 2를 최초로 낸 전투기다. 블랙버드는 마하 3이 넘는 속도로 소련 상공을 제집처럼 헤집던 전략 정찰기다.

P-38을 만들 때부터 존슨은 이후 모든 혁신 조직의 귀감이 될 만한 방식으로 팀을 꾸렸다. 존슨의 팀은 기존 조직과 여러 면으로 분리되어 마치 별개의 스타트업처럼 운영됐다. 존슨이 보기에 보통 회사의 절차와 위계는 빠른 결과를 만들어 내는 데 최악의 조건이었다. 팀장인 존슨은 재무, 인사, 구매를 포함해 팀이 하는 모든 일에 전권을 가졌다. 존슨의 팀은 소수 정예로 구성되며 밑에 몇 명의 부하를 두었는

지는 급여에 아무런 영향을 주지 않았다.

위와 같은 조건이 충족되려면 물리적인 환경도 뒤따르는 게 마땅했다. 존슨의 팀은 기존의 록히드 시설과 떨어져 있는 곳에 별개의 작업장을 차렸다. 하필이면 작업장 근방에 악취를 내뿜는 플라스틱 공장이 있었다. 당시 신문에 연재되던 '릴 애브너Li'l Abner'라는 인기 만화엔 마침 스컹크의 사체를 비롯해 온갖 것이 들어간 요상한 술을 만드는 스콩크 공장Skonk Works이 나왔다. 존슨의 팀은 자기들의 작업장을 Skonk Works이라고 부르기 시작했다. 이후 스컹크 공장은 록히드를 상징하는 첨단 엔지니어링 조직으로 자리매김했다.

일례로, 제2차 세계대전 중 미국 육군항공대는 제트 전투기를 개발할 필요를 느꼈다. 독일은 이미 1942년 7월 Me 262 슈왈베라는 제트 전투기의 초도 비행에 성공했다. 사실 미국도 1942년 10월에 초도 비행한 벨 P-59 에어러커밋이라는 제트 전투기가 있었지만 프로펠러 전투기인 P-51 머스탱보다도 속도가 느릴 정도로 성능이 모자랐다. 1943년 5월 미국 육군항공대는 록히드에게 개발 가능성을 물었다.

약 한 달 후 존슨은 150일 안에 시제 제트 전투기를 전달하겠다는 제안서를 미국 육군항공대에 제출하면서 곧바로 개발에 착수했다. 정식 계약서가 록히드에 온 건 그로부터 4개월 뒤였다. 달리 말해 록히드는 미국 육군항공대로부터 계약을 따내 돈을 받는다는 보장도 없는 상태에서 회삿

돈으로 일단 개발을 시작했다. 존슨과 록히드는 이후로도 비슷한 방식으로 늘 손님의 기대치를 넘어섰다.

1943년 11월 스컹크 공장은 백지상태에서 개발을 시작한지 143일 만에 시제기를 납품했다. 처음에 약속한 150일이라는 기간이 말도 안 되게 짧은 데다가 몇 년 지연은 기본인 무기 개발에서 7일을 단축했다는 건 너무나 드문 일이었다. 또 무기 회사가 처음에 이야기한 개발 비용의 수 배가 결국 드는, 일종의 짜고 치는 고스톱인 이 바닥에서 스컹크 공장은 나중에 다른 비행기를 개발할 때 돈이 남았다고 계약한 돈의 일부를 돌려주기도 했다.

1944년 초에 초도 비행을 마친 스컹크 공장의 제트 전투기는 P-80 슈팅스타라는 이름을 얻었다. 제2차 세계대전이 끝나기 전 미국 육군항공대는 슈팅스타를 받았지만 공중전에 투입할 기회는 없었다. 1947년 미국 육군항공대가 미국 공군으로 바뀌면서 슈팅스타의 제식 명칭도 F-80으로 바뀌었다. 미국 공군은 다수의 슈팅스타를 한국 전쟁에 투입했다.

존슨과 스컹크 공장의 실력은 미국 최고였지만 슈팅스타가 무적은 아니었다. 한국 전쟁 동안 미국은 모두 368대의 슈팅스타를 잃었다. 한 가지 원인은 소련이 전장에 투입한 레이다였다. 소련은 미국 전투기의 접근을 레이다로 파악한 후 제때 고성능의 요격기를 미리 띄워 놓았다.

이후 존슨은 자신이 디자인한 비행기의 속도와 고도를

극한까지 끌어올렸다. 비행기가 아주 빠르게 난다면 레이다로 탐지해도 격추하기가 쉽지 않았다. 또 아주 높이 날면 레이다에 탐지되지 않을 가능성도 있었다. 마하 2의 속도를 가진 스타파이터가 전자라면 해발 고도 24킬로미터까지 비행이 가능한 정찰기 U-2 드래곤레이디가 후자의 예였다.

드래곤레이디는 1960년 소련 상공에서 처음 격추된 이래로 대만인 조종사가 탄 다섯 대가 중국 상공에서 추가로 피격돼 격추가 불가능하지 않음이 증명되었다. 그래서 존슨은 자신의 마지막 작품인 블랙버드에 극한의 속도와 고도를 동시에 구현했다. 드래곤레이디 이상의 고도에서 마하 3.3으로 날 수 있는 블랙버드는 1998년에 퇴역할 때까지 한 번도 격추되지 않았다.

몸통 없이 비행하는 "날아가는 날개"

1910년생인 존슨보다 각각 세 살, 다섯 살 어린 발터 호르텐과 라이마르 호르텐은 형제 사이였다. 제1차 세계대전에 진 독일은 베르사유 조약으로 군용 비행기를 가질 수 없었다. 독일의 조종사들은 글라이더를 만들어 날리는 비행 동아리를 만들어 명맥을 유지하려 했다. 비행기를 만들 수 없다는 제약은 한편으로는 새로운 걸 속박 없이 시도하게 만드는 힘으로 작용했다. 호르텐 형제는 독일군에 입대하기 전인 1933년에 이미 자신들의 첫 번째 글라이더를 날리는 데 성공했다.

1937년부터 호르텐 형제는 자신들의 글라이더에 엔진을 달기 시작했다. 즉 그건 단순한 글라이더가 아니라 비행기였다. 형제는 제2차 세계대전 전에 형인 발터가 Bf 109의 전투기 조종사가 되었고, 동생 라이마르는 설계와 글라이더 비행에 집중했다. 발터는 서부 전선에서 적기 일곱 대를 격추하는 전과도 올렸다. 형제는 군 복무 중에도 새로운 글라이더를 계속 개발했다. 1940년 동생 라이마르는 아예 브라운슈바이크에 있는 글라이더 조종사 학교의 교관이 되었다. 그러나 형제의 글라이더 비행기는 도르니에, 포케불프, 하인켈, 융커스 같은 독일의 주요 비행기 회사의 엔지니어들이 보기에 아마추어 마니아의 장난감에 지나지 않았다.

1943년 독일 공군 사령관 헤르만 괴링은 천 킬로미터 떨어진 목표에 시속 천 킬로미터의 속도로 날아가 천 킬로그램의 폭탄을 떨어트릴 폭격기의 개발을 지시했다. 그런 속도를 내려면 제트 엔진을 써야 하는데 연료 소모가 격심한 제트 엔진을 보통의 비행기 형상에 달아서는 왕복 2천 킬로미터가 넘는 항속 거리를 내기가 쉽지 않았다. 그 결과 호르텐 형제가 만든 아홉 번째 글라이더 비행기가 갑자기 독일 공군의 큰 관심을 받기 시작했다.

그럴 만한 이유가 있었다. 호르텐 형제의 글라이더 비행기는 일반적인 글라이더와 모양이 완전히 달랐다. 보통의 글라이더는 엔진만 달려 있지 않을 뿐 몸통과 날개를 갖는 건 비행기와 대동소이했다. 반면 형제의 글라이더 비행기는 생김새가 도리어 사람이 타지 않은 행글라이더에 가까웠다. 즉 그건 몸통이 없고 오직 주 날개만 있는 기이한 모양이었다. 날개가 크고 긴 만큼 형제의 글라이더 비행기는 오래 떠

있을 수 있었고 그만큼 멀리 날아갈 수 있었다.

독일 공군으로부터 호르텐 Ho 229라는 제식 명칭을 받은 호르텐 형제의 글라이더 비행기는 모두 세 대의 시제품이 만들어졌다. 무동력의 시제 1호기는 1944년에 초도 비행을 했고, 제트 엔진을 장착한 시제 2호기의 초도 비행은 1945년 2월이었다. 형제는 Ho 229의 크기를 키운 글라이더 비행기도 동시에 개발하려 했는데 미국 본토 폭격이 목표였다. 아무튼 Ho 229가 양산되기 전에 독일은 항복했다.

날개만 있는 이상한 비행기를 만든 건 호르텐 형제가 유일하지 않았다. 호르텐 형제보다 조금 늦었지만 비슷한 비행기를 만든 사람이 있었다. 그 사람과 호르텐 형제는 서로의 존재를 몰랐다. 그는 정규 대학 교육을 받은 적이 없다는 점에서 호르텐 형제와 비슷했다. 그의 이름은 존 노스롭이었다. 존슨이 켈리라는 별명으로 알려졌듯이 노스롭은 잭이라는 별명으로 불렸다.

존슨보다 열다섯 살 많은 노스롭은 사실 록히드와 인연이 깊었다. 로우히드 형제가 샌프란시스코에서 샌타바바라로 회사를 옮긴 1916년 노스롭은 도면 그리는 기능공으로 로우히드항공기제작사에 들어왔다. 1920년 로우히드항공기의 파산으로 직장을 잃은 노스롭은 3년간 공사판을 떠돌기도 했다. 1927년 앨런 로우히드의 록히드항공기에 치프 엔지니어로 합류한 노스롭은 회사가 돈 벌 궁리만 하고 혁신을 하지 않는다며 1928년에 다시 박차고 나왔다.

1939년 노스롭은 자신의 세 번째 비행기 회사를 세웠다. 1941년 미국 육군항공대는 8천 킬로미터 떨어진 목표에 최고 시속 720킬로미터로 날아가 4.5톤의 폭탄을 떨어트릴 폭격기 개발을 요구했다. 노스롭은 날개만 있는 비행기라는 개념을 꺼내 들었다. 이를 XB-35라고 이름 붙인 미국 육군항공대는 1943년 11월까지 한 대의 시제기를 납품하는 조건으로 계약을 맺었다. XB-35의 초도 비행은 제2차 세계대전이 끝난 뒤인 1946년 6월에 이루어졌다.

호르텐 형제의 글라이더 비행기처럼 노스롭의 날개 비행기도 유망한 성능을 보였다. 하지만 날개 비행기에 달기엔 프로펠러 엔진은 구식이었다. 미국 공군은 시험 양산된 두 대의 날개 비행기의 엔진을 제트 엔진으로 바꾸도록 하고 YB-49라고 불렀다. YB-49는 1947년 10월 초도 비행에 성공했지만 1948년 6월 두 번째 시제기가 추락하면서 다섯 명의 승무원이 숨졌다.

한 달 뒤 미국 공군 장관 스튜어드 사이밍턴은 노스롭에게 경쟁사인 콘베어와 합병하는 게 좋을 거라고 을렀다. 다른 대안은 없냐고 노스롭이 되묻자 사이밍턴은 "대안? 그러면 당신은 빌어먹도록 유감일 거요."라고 쏘아붙였다. 노스롭은 사이밍턴의 제안을 무시했다. 결국 한국 전쟁 직전인 1950년 봄, 미국 공군은 노스롭의 날개 비행기 개발을 취소했다. 신물이 난 노스롭은 1952년 회사의 경영에서 손을 뗐다.

스텔스 원리를 외면한
소련의 선택

군사 목적의 레이다가 등장하자 거꾸로 그러한 레이다에 잡히지 않을 방법이 필요해졌다. 잡히더라도 좀 늦게 잡히는 것만으로도 의미는 있다. 가령 순항 속도가 시속 800킬로미터인 비행기가 400킬로미터 거리에서 탐지되기 시작하면 요격기가 긴급 출격할 시간은 30분이다. 하지만 40킬로미터 거리부터 탐지되면 요격기가 출격할 시간은 3분으로 준다.

비행기가 얼마나 레이다에 크게 보이는지를 나타내는 지표는 이른바 레이다 단면적이다. 레이다 단면적이 클수록 레이다에 크고 또렷하게 잡힌다. 한편 비행기에 반사되고 산란되어 레이다로 되돌아오는 전자기파의 에너지는 레이다 단면적에 비례하고 또 레이다와 비행기 사이 거리의 네

제곱에 반비례한다.

　방금 한 얘기가 무슨 뜻인지 음미할 필요가 있다. 가령 앞에서 든 예처럼 탐지되는 거리를 십분의 일로 줄이려면 비행기의 레이다 단면적은 십분의 일의 네제곱, 즉 만분의 일로 줄어야 한다. 비행기가 꼭 같은 모양이라면 밑에서 봤을 때 길이가 모든 방향으로 백분의 일로 줄어야 그러한 효과를 얻을 수 있다.

　일례로 미국 전투기 F-15 이글의 앞뒤 길이는 거의 20미터다. 그러니까 원하는 효과를 얻으려면 이글의 길이를 20센티미터로 줄여야 한다. 이렇게 되면 조종사가 비행기에 탈 수도 없다. 즉 레이다 단면적을 줄이는 건 말이 쉽지 실제로는 끔찍하게 어려운 일이다.

　1970년대 초반 소련의 방공 능력은 무시할 수 없는 수준이었다. 소련의 조기 경보 레이다인 톨킹은 500킬로미터 거리부터 비행기를 탐지했다. 레이다에 연동되는 지대공 미사일 S-75는 초고고도의 드래곤레이디를 격추하면서 능력을 과시했다. 그렇다고 저공으로 침투하자니 휴대용 지대공 미사일인 스트렐라-2와 4연장 23밀리미터 구경 대공전차인 쉴카가 무시무시한 화망을 펼쳤다.

　미국 공군은 재밍으로 적의 레이다를 먹통으로 만드는 전자전만 잘하면 문제될 게 없다는 입장이었다. 그게 최선인지는 확실하지 않았다. 가령 미국-베트남 전쟁에서 북베트남을 공격하는 폭격기 한 대당 평균적으로 네 대의 전자

전기가 따라붙었다. 그럼에도 일례로 1972년 12월의 고작 나흘만에 11대의 B-52 스트래토포트리스가 격추되었다. 또 1973년 4차 중동전에서 미국 최신 전투기로 무장한 이스라엘 공군은 18일 동안 소련제 대공 미사일에 109대의 비행기를 잃었다.

보다 못해 나선 건 다르파였다. 미국 국방부 산하의 다르파는 불가능해 보이는 기술 개발에 도전하는 임무를 가진 조직이었다. 1974년 다르파는 레이다 단면적이 작은 공격기를 개발하는 프로젝트 하비^{Harvey}에 참여할 생각이 있는지 미국의 주요 전술기 회사 다섯 곳에 물었다. 이때 사용된 단어가 바로 스텔스^{stealth}였다. '훔치다^{steal}'를 뜻하는 스틸에서 유래한 스텔스는 원래 도둑질의 뜻만 있었다. 스텔스라는 단어를 '레이다에 탐지되지 않게 몰래'라는 뜻으로 쓴 건 다르파가 처음이었다.

다르파의 공식 문의에 A-10 썬더볼트를 만든 페어차일드와 F-14 톰캣을 만든 그러먼은 관심 없다고 답했다. F-16 파이팅팰콘을 만든 제네럴다이나믹스는 전자전 기술로 해결 가능하다는 동문서답을 보내왔다. F-15 이글을 만든 맥도넬더글라스와 F-5 프리덤파이터를 만든 노스롭만이 재료와 형상을 언급한 진지한 답변을 제출했다. 다르파는 맥도넬더글라스와 노스롭에게 각각 1억2천만 원을 주면서 스텔스 개념을 좀 더 상세하게 다듬으라고 요구했다.

그즈음 록히드가 프로젝트 하비의 존재를 알게 되었다.

록히드는 여기에 참여할 기회조차 없었다는 게 분했다. 왜냐하면 스컹크 공장이 미국 중앙정보국 CIA를 위해 레이다 단면적을 줄이는 극비 프로젝트를 이미 수차례 했기 때문이었다. 드래곤레이디에 전자기파를 흡수하는 물질을 바르는 프로젝트라든지 D-21이라는 마하 3.3의 드론 같은 게 대표적인 예였다. 알고 보면 미국 공군의 블랙버드도 스컹크 공장이 미국 중앙정보국을 위해 만든 A-12를 조종사 두 명이 타도록 개조한 결과물이었다. 결국 다르파는 록히드의 자비 참가를 허용했다.

레이다 단면적을 줄일 수 있는 방법은 크게 보면 세 가지였다. 첫째는 전자기파를 흡수하는 물질을 비행기 표면에 바르는 거였다. 이는 이미 제2차 세계대전 때부터 시도되던 방법이었다. 특히 스컹크 공장은 블랙버드에 특수 물질을 발라 레이다 단면적을 어느 정도 줄인 축적된 경험이 있었다. 비행기에 쓸 수 있는 전자기파 흡수 물질에 대해 스컹크 공장보다 더 많이 아는 곳은 없다고 해도 과언이 아니었다.

둘째는 비행기의 외관을 쭉 뻗은 날카로운 직선으로 만드는 거였다. 여기에는 이론적인 근거가 있었다. 당시 이를 몰랐던 맥도넬더글라스는 비행기의 외관 형상을 곡선으로 마무리했다. 이를 용케 알고 있었던 노스롭과 록히드의 엔지니어들은 서로 비슷한 방식으로 디자인했다. 실제로 맥도넬더글라스는 다르파가 정한 최소한의 레이다 단면적 기준치도 통과하지 못해 탈락했다. 결과적으로 맥도넬더글라스와 노스롭, 록히드의 실력 차가 컸다고 말할 수 있었다.

그런데 그 실력 차는 꽤 운에 좌우된 것이기도 했다. 어떤 논문 한 편을 봤느냐 안 봤느냐의 차이였기 때문이다. 먼저 그런 논문이 있다는 걸 아는 것 자체가 쉬운 일이 아니었다. 그게 영어로 된 논문이 아닌 탓이었다. 논문을 먼저 본 건 1971년의 노스롭이었다. 프로젝트 하비를 시작할 때만 해도 논문을 몰랐던 록히드도 프로젝트 도중 우연히 논문을 발견했다.

미국으로서 더 기겁할 일은 그 논문의 저자가 1959년 소련 국방부 산하 라디오공학기술원에서 전기 공학으로 박사학위를 받은 표트르 우핌체프라는 점이었다. 우핌체프가 1962년에 러시아어로 발표한 논문에는 전자기파가 실제의 물체에서 반사되고 산란되는 에너지를 계산할 수 있는 방법이 유도되어 있었다.

그 말은 지난 10여 년 동안 소련이 스텔스 성능을 근본적으로 높여 왔을지도 모른다는 걸 의미했다. 혹은 소련 국방부가 논문의 응용 가능성을 제대로 이해했었다면 아예 기밀로 처리해서 외부에 발표되지 않도록 했었을 수도 있었다. 그랬었다면 노스롭과 록히드의 엔지니어들이 스텔스 공격기를 디자인할 방법을 몰랐을 터였다. 아이러니하게도 소련 공군은 우핌체프의 연구를 중단시켰다. 비행기의 형상은 항공역학의 영역이지 전자기학의 영역이 아니라는 이유였다. 상부의 지시를 받은 우핌체프는 다른 주제로 옮겨 갔다.

1975년 11월 다르파는 노스롭과 록히드에게 각각 18억 원을 주면서 4개월안에 레이다 단면적을 잴 수 있는 비행기의 실제 크기 모형을 제출하라고 요구했다. 더 작은 레이다 단면적을 보이는 쪽이 선택되는 최후의 대결이었다.

　레이다 단면적을 줄이는 마지막 셋째 방법은 비행기의 표면 형상을 어떤 식으로 디자인하느냐였다. 여기서 노스롭과 록히드의 접근법이 확연하게 갈렸다. 노스롭은 표면을 곡면으로 디자인했다. 반면 록히드는 평면으로 구성했다. 이러한 차이는 두 회사의 누적된 과거 경험 때문이었다. 록히드는 드래곤레이디와 블랙버드를 만들 때 비행기의 평면이 전자기파의 파장에 비해 충분히 넓으면 산란 없이 전자기파가 특정한 방향으로 반사된다는 사실을 경험했다. 노스롭은 1950년대에 대륙간 순항 미사일인 스나크를 개발하면서 특정한 방식의 둥근 곡면이 의외로 작은 레이다 단면적을 갖는다는 걸 본 적이 있었다.

초등학교도 못 마친 이가 밝혀낸
레이다의 다른 쓰임

프로젝트 하비의 최종 승자는 어디였을까? 바로 록히드였다. 깎아 놓은 다이아몬드처럼 생겨 도저히 날 것 같지 않다는 의미에서 '희망 없는 다이아몬드'로 불린 록히드의 모형은 주파수가 10기가헤르츠인 일명 X 대역에서 노스롭의 모형보다 레이다 단면적이 작았다. 1헤르츠란 1초에 파동이 한 번 반복하는 걸 의미했다. 기가는 10의 9제곱이므로 10기가헤르츠란 전자기파가 1초에 10의 10제곱, 즉 100억 번 반복하는 걸 가리켰다.

희망 없는 다이아몬드는 차원이 다른 스텔스 성능을 보였다. 일례로 F-15 이글과 F-16 파이팅팰컨의 레이다 단면적은 각각 약 $25m^2$와 $5m^2$ 정도였다. 반면 희망 없는 다이아몬드는 0.01제곱미터가 채 되지 않았다. 비유하자면 희망 없는 다이아몬드는 X 대역 레이다에게 독수리 눈알 정도의 크기로 보였다. 소련의 조기 경보 레이다인 톨킹이 사용하는 파장이 1미터보다 긴 초단파 혹은 미터파 영역에서는 노스롭이 록히드보다 조금 나았지만 파장이 약 3센티미터인 X 대역의 열세를 뒤집을 정도는 아니었다.

세계 최초의 스텔스기인 록히드의 F-117 나이트호크는 미국 공군이 1988년에 그 존재를 최초로 인정했다. 여기에는 명암이 함께 존재했다. 나이트호크의 공기역학 성능은 최악이었다. 아날로그 제어 회로로 조종을 돕는 이른바 '플라이 바이 와이어fly by wire'가 없었다면 비행이 불가한 수준이었다. 나이트호크는 1990년대 초반 걸프전에서 활약했지만 역시나 낮은 주파수의 레이다에는 걸렸다. 1999년 유고슬라비아군은 구식의 소련제 지대공 미사일 S-125 네바로 나이트호크 한 대를 격추하고 다른 한 대에 피해를 입혔다.

미국 국방부는 노스롭이 망하도록 내버려 둘 생각은 없었다. 그렇게 되면 앞으로 록히드가 스텔스기의 개발을 독점하는 꼴이 될 터였다. 다르파는 1976년 소련 전차 부대의 파도 같은 공격을 공중에 오래 떠서 레이다로 감시하는 과제를 노스롭에게 줬다. 노스롭은 '무언의 파랑Tacit Blue'이라는 스텔스 시제기를 개발하면서 자신들의 스텔스 기술을 더 갈고닦았다. 무언의 파랑은 1982년 초도 비행에 성공하면서 스텔스 성능을 입증했다.

1979년 미국 공군은 스텔스 폭격기를 만드는 과제를 시작했다. 록히드와 노스롭은 다시 맞붙었다. 이번의 승자는 노스롭이었다. 1981년 보잉과 손잡은 노스롭의 디자인이 최종 선택되면서 B-2 스피릿이라는 이름을 얻었다. 1989년에 초도 비행에 성공한 스피릿은 1997년 제식 무기가 되었다.

스피릿은 노스롭의 창업자였던 존 노스롭에게도 의미가 있었다. 왜냐하면 스피릿은 그가 꿈꿨던 날아가는 날개였기 때문이었다. 부동산 투기에 손댔다가 재산의 대부분을 날리고 말기 암 투병 중이던 여든네 살의 노스롭에게 1980년 노스롭의 엔지니어들은 미국 국방부의 허가를 얻어 아직 극비인 스피릿의 모형을 보여줬다. 스피릿의 날개 길이는 묘하게도 노스롭이 만들었던 YB-49와 똑같았다.

번개와 적기를 탐지하는 것 외에도 레이다에는 생각지 못한 쓸모가 있었다. 1922년에 생긴 레이시온^{Raytheon}은 제2차 세계대전 당시 미국의 레이다 개발을 주도한 회사였다. 레이시온의 창업자는 매사추세츠기술원 전기공학과의 배니바 부시였다. 제2차 세계대전 중 미국 대통령 프랭클린 루즈벨트의 직속 과학연구개발실장으로서 무엇을 연구하고 개발할지를 결정하는 막강한 위치에 있었던 덕분에 부시는 "연구의 차르(황제)"라는 별명을 얻었다.

1945년 레이시온의 엔지니어인 퍼시 스펜서는 새로 개발된 마그네트론을 미국 해군에게 시연해 보일 예정이었다. 마그네트론이란 레이다의 전자기파를 발생시키는 장치로서 쉽게 말해 일종의 진공관이었다. 요즘은 반도체로 거의 모든 걸 다하지만 최초의 전기 회로는 진공관으로 작동했다. 오늘날에도 높은 출력의 전자기파를 만들려면 진공관 외에 다른 수는 없다.

레이다의 마그네트론을 작동하고 얼마 지나지 않아 스펜서는 바지가 축축해짐을 느꼈다. 출출해서 먹으려고 바지 주머니에 넣어 뒀던 허쉬의 초콜릿 바가 녹아버린 탓이었다. 이전에 비슷한 일을 겪었던 사람이 없지 않았지만 왜 그렇게 됐는지를 알아보려 한 사람은 스펜서가 처음이었다.

스펜서는 주전자 안에 날달걀을 넣고 마그네트론을 가동했다. 얼마 지나지 않아 뜨거워진 날달걀은 폭탄처럼 터졌다. 다음 날 스펜서는 옥수수 알갱이를 마그네트론 앞에 두고 전원을 켰다. 곧 옥수수는 튀겨져 팝콘이 되었다. 스펜서는 쇠로 만든 상자 안에 마그네트론을 설치하여 전자기파를 정상파로 바꾸는 장치를 만들었다. 정상파란 한정된 공간 안에 갇혀 제자리에서 진동하는 것처럼 보이는 파동을 말한다. 레이시온은 1945년 10월, 스펜서가 만든 마이크로파 오븐의 특허를 출원했다. 당시의 이름은 레이다 레인지^{Radarange}였다. 바로 그게 오늘날 우리가 전자레인지라고 부르는 기기다.

마이크로파 오븐의 전자기파는 주파수가 얼마일까? 음식을 가열하는 관점에서 꼭 어때야 한다는 건 없다. 다만 규제는 있다. 제2차 세계대전이 끝나고 온갖 기기들이 제멋대로 전자기파를 쏟아내자 미국 연방통신위원회가 교통정리에 나섰다. 라디오 방송용, 텔레비전 방송용, 레이다용, 위성 통신용 등으로 주파수 대역을 나누고 아무나 쓰지 못하게 막은 거였다.

다만 중심 주파수가 각각 915메가헤르츠, 2.45기가헤르츠, 5.75기가헤르츠인 3개의 주파수 대역은 범용으로 쓸 수 있게 열어두었다. 이들의 공식 명칭은 "산업, 과학, 의료 대역"이지만 별의별 것이 다 모여 있다는 의미에서 통상 "쓰레기 대역"이라고도 부른다. 마이크로파 오븐은 2.45기가헤르츠의 전자기파를 쓴다.

1960년대까지만 해도 다른 대역을 쓰는 마이크로파 오븐도 있었다. 레이시온이 2.45기가헤르츠 제품을 밀었다면 제네럴일렉트릭은 915메가헤르츠 제품을 팔았다. 굳이 비교하자면 레이시온은 피자나 핫도그를 데우는 데 유리했고 제네럴일렉트릭은 등심 스테이크를 굽는 데 좋았다. 결국 승리한 건 레이시온 쪽이었는데 주파수가 낮은 제네럴일렉트릭 제품이 레이시온 제품보다 크기가 약 2.5배인 탓이 컸다.

2.45기가헤르츠의 쓰레기 대역을 쓰는 물건엔 당연히 마이크로파 오븐 말고도 있다. 가장 익숙하기로는 2.4기가헤르츠에 맞춰져 있는 무선랜, 즉 와이파이 공유기가 대표적이다. 이 주파수의 와이파이 공유기를 옆에 놓고 마이크로파 오븐을 돌리면 공유기가 먹통이 된다. 레이다의 재밍과 꼭 같은 원리다. 이럴 땐 둘 사이의 거리를 충분히 멀

게 하든가 아예 5기가헤르츠의 와이파이 공유기를 쓰는 게 낫다.

스펜서는 그냥 어쩌다 마이크로파 오븐을 만든 사람은 아니었다. 그는 레이시온에서 일하면서 300개의 특허를 받았고 나중에 레이시온의 이사회 구성원으로도 일했다. 연구의 차르 부시, 휴렛패커드의 공동창업자인 윌리엄 휴렛과 데이비드 패커드, 그리고 한국 전쟁 때 미국 육군 원수로 진급한 오마 브래들리를 스펜서는 친구로 여겼다. 그런 스펜서의 최종 학력은 초등학교 중퇴다.

◆ 제3장 ◆

단맛에 이끌리는 본능을 우연의 힘으로 승화한 다섯 사람

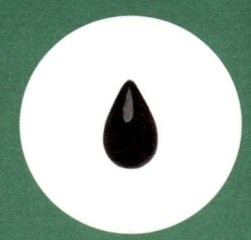

제2차 세계대전이 낳은
미군의 전투식량

1945년 퍼시 스펜서가 마그네트론의 시연에 앞서 허쉬의 초콜릿 바를 주머니에 넣어두지 않았다면 어땠을까? 그랬다면 전자기파가 음식을 데우는 효과를 몰랐을 터다. 스펜서가 전자레인지를 만들 생각도 못했을 거란 이야기다.

그럼 스펜서가 시장기를 느끼지 않았다면 오늘날 우리는 전자레인지를 쓸 수 없는 걸까? 시간을 되돌려 역사를 재생해 확인할 방법은 없지만 그 때문에 전자레인지가 세상에 등장하지 않았을 거라는 판단은 섣부르다. 스펜서가 아니더라도 마그네트론의 음식물 가열 현상과 원리를 추후 깨달았을 사람은 없지 않았을 거라서다.

열여덟 살 때인 1912년에 미국 해군에 입대했던 스펜서는 1945년에는 군인이 아닌 민간인 신분이었다. 그럼에도 그가 먹으려 했던 허쉬의 초콜릿 바는 민수용은 아니었다. 당시 미국의 전시 동원 체제 아래 허쉬는 야전 식량의 하나인 D바를 생산해야 했다. 스펜서의 바지를 망친 게 바로 D바의 개량형이었다.

제2차 세계대전과 한국 전쟁 때 미군의 전투 식량인 C레이션^{ration}은 병사들에게 개별적으로 배급된 음식 통조림을 가리켰다. 레이션은 '레이쇼^{ratio}, 즉 비율에 맞게 배급된 식량'을 뜻한다. A레이션은 병영에서 취사병이 조리한 정상적인 급식을, B레이션은 야지에서 취사병이 조리한 제한된 급식을 가리켰다. C레이션은 취사가 어려울 때 궁여지책으로 먹는 군용 음식이었다.

전투 식량의 A, B, C는 제식화된 순서에 지나지 않았지만 곧 다른 의미가 생겼다. 깡통에 든 차가운 C레이션이 취사병이 조리한 따수운 A나 B레이션에 비해 맛이 떨어지는 건 당연했다. 결과적으로 전투 식량의 A, B, C는 학점이나 다름이 없었다.

1937년 미국 육군 병참감인 소장 헨리 기빈스는 기존의 A, B, C 전투 식량에 하나를 더 추가할 필요를 느꼈다. C레이션조차 배급이 쉽지 않을 때 병사들이 몸에 지니고 있다가 최후의 수단으로 먹을 수 있는 비상식량이었다. 원래 기병 장교였던 기빈스는 초콜릿 바가 딱이라고 생각하고 휘하의 대위 폴 로건을 허쉬초콜릿 회사에 보냈다.

허쉬초콜릿의 대표인 윌리엄 머리를 만난 로건은 몇 가

지 요구 사항을 전달했다. 첫째, 무게가 110그램 정도고, 둘째, 고온에 흐물흐물해지지 않으며, 셋째, 고칼로리여야 한다는 거였다. 롯데의 가나 초콜릿이 34그램이고 스니커즈의 땅콩 초코바가 51그램인 걸 감안컨대 미국 육군이 간식이 아니라 한 끼분의 열량을 가진 초콜릿 바를 원한다는 건 분명했다.

로건의 요구 사항을 머리에게 전해 들은 허쉬초콜릿의 창업주 밀턴 허쉬는 새로운 초콜릿 바를 전력을 다해 개발하라고 지시했다. 한동안 '로건 바'라는 이름으로 불린 허쉬의 새로운 초콜릿 바는 열량이 600킬로칼로리로 햇반 약 두 개에 해당했다. 또 섭씨 49도의 온도에서도 녹지 않았다. 시제품 초콜릿 바의 성능에 만족한 미국 육군은 이를 D레이션으로 명명했다. D레이션은 초콜릿 바라는 본질에 걸맞게 D바라는 이름으로도 불렸다.

초콜릿의 원료인 코코아 혹은 카카오는 남아메리카의 아마존강 유역이 원산지다. 마야나 아즈텍 같은 아메리카의 문명들은 카카오 열매를 다양한 방식으로 소비했다. 가령 테하테는 옥수수와 마메이 씨앗 그리고 발효된 코코아콩을 갈아 물과 함께 섞은 멕시코의 전통 음료다. '신의 음료'로 생각됐던 테하테를 마시는 데에 신분의 구별은 없었다. 즉 왕과 제사장, 그리고 평민이 모두 같이 마셨다. 또 신에게 가까이 갈 수 있게 도와주는 코코아콩은 환각을 일으키는 약으로도 사용됐다.

서양인들이 코코아를 알게 된 건 콜럼버스의 아메리카 발견 후였다. 아즈텍을 멸망시킨 에스파냐의 헤르난 코르테스가 1520년 아즈텍의 궁정에서 신성시되던 코코아를 목격한 거였다. 1544년 도미니코회 수사들이 데려온 마야인은 에스파냐 왕실에 코코아콩을 선사했다. 1585년에는 코코아를 대량으로 실은 배가 처음으로 에스파냐에 도착했다.

유럽의 귀족들은 코코아를 오늘날과 같은 고체의 초콜릿으로 먹진 않았다. 코코아 가루를 물에 타 최음제로 마셨다. 덩어리 초콜릿이 소비되지 않은 이유는 그렇게 먹기에는 값이 너무 비쌌기 때문이었다. 18세기에 커피가 부르주아를, 술이 프롤레타리아를 상징했다면 코코아는 귀족을 상징했다. 다시 말해 그때까지 코코아는 극소수의 사람만 접할 수 있는 최상의 사치품이었다.

19세기 들어 코코아를 소비하는 방식에 변화가 생겼다. 1828년 네덜란드의 카스파루스 반 하우텐이 압착을 통해 코코아콩에서 지방을 분리하는 방법을 개발한 게 발단이었다. 그렇게 얻은 코코아 가루와 코코아 버터는 고체 초콜릿의 대량 생산에 적합했다. 19세기 중반 이탈리아 태생의 도메니코 기라델리는 하우텐과 다른 방식의 지방 분리법을 개발했다. 기라델리가 1852년에 샌프란시스코에 세운 초콜릿 회사는 오늘날까지도 존속한다.

한편 초콜릿이 널리 퍼진 데에는 퀘이커교도의 역할이 컸다. 가령 19세기 영국의 초콜릿 산업을 선도한 조지프 프라이, 존 캐드버리, 헨리 라운트리는 모두 퀘이커였다. 퀘이커의 시조는 1647년 몸을 떨게 되는 영적 체험을 한 영국의 조지 폭스다. 폭스와 폭스를 따르는 무리를 가리켜 판사가 "몸을 떠는 자들"이라고 비아냥댄 데서 퀘이커란 말이 생겼다. 즉 그건 칭찬이기보단 욕이었다.

영국 국교회를 인정하지 않는 퀘이커는 개신교에 속하지만 구원을 받을 사람과 받지 못할 사람이 이미 예정되어 있다는 칼뱅주의가 득세한 청교도와는 또 결이 다르다. 퀘이커는 평등, 정의, 평화 등과 같은 선을 추구한다. 전쟁을 반대하고 전쟁 부상자와 난민을 도운 영국과 미국의 퀘이커 교단은 제2차 세계대전 후인 1947년 공동으로 노벨 평화상을 받았다. 한국인 중 가장 이름 있는 퀘이커인 함석헌 역시 퀘이커다운 삶을 살았다.

금욕주의자인 퀘이커가 최음제로 인식되던 코코아 가루로 만드는 초콜릿을 널리 퍼트린 이유는 뭘까? 완전한 금주를 실천하는 퀘이커들은 기호 식품으로서 초콜릿의 잠재력을 보았다. 즉 그들에게 초콜릿은 보통의 영국인이 즐겨 마시던 진이나 럼 혹은 위스키를 대신함으로써 죄를 범하지 않게 해 주는 고마운 음식이었다.

미국 육군이 D레이션으로 초콜릿 바를 정한 건 필연은 아니었다. 초콜릿 바와 겨룰 만한 다른 음식이 여럿 있었기 때문이었다. 대표적으로 크래커를 들만했다. 미국에서 주로 쓰는 크래커라는 이름은 딱딱한 탓에 여러 조각으로 부서지면서 와작 혹은 바삭 소리가 나는 데서 유래했다. 영국인은 크래커를 비스킷이라고 불렀다. 실제로 크래커는 이미 미국 육군이 즐겨 먹던 음식이었다. 일례로, C레이션에 리츠보다 큰 둥근 크래커가 포함되어 있었다.

실은 D바를 기획할 때 로건에겐 고민거리가 있었다. 휴대가 간편하고 부피에 비해 열량이 높다는 이유로 초콜릿 바가 선정되긴 했지만 초콜릿 바라는 음식 자체가 너무 맛있다는 게 문제였다. 적군 사이에 고립돼 먹을 게 떨어진 최후의 순간에 먹으라고 지급한 초콜릿 바를 아무 때나 까먹으면 곤란한 일이었다.

그래서 로건은 허쉬의 대표인 머리를 만났을 때 네 번째 조건을 달았다. 너무 맛있게 만들면 안 된다는 거였다. 로건의 말을 직접 빌리자면, D바는 "삶은 감자보다 아주 조금만 더 맛있어야" 했다. 허쉬의 D바 원료 배합과 제조법은 로건의 기대에 부응했다. 미군은 보편적으로 D바의 맛을 끔찍하게 여겼다. 병사들은 D바를 평상시에 먹기는커녕 맛이 없다고 버리거나 민간인들에게 거저 주곤 했다.

D바가 맛이 없었던 건 원재료로 사용된 코코아콩의 품질이 떨어지기 때문은 아니었다. 결정적인 이유는 단맛을 내는 설탕을 줄인 때문이었다. 기존 초콜릿 바의 설탕 함량 비율을 유지한 채로 맛을 떨어트릴 방법은 없었다. 코코아 가루와 코코아 버터는 초콜릿의 풍미를 더할 뿐으로 사람들이 초콜릿을 맛있다고 느끼는 건 대부분 설탕의 공로다.

제3장

19세기 이전 달콤한 음식의 대명사인 설탕을 먹었던 이유

인간이 단맛을 좋아하는 건 최근에 시작된 걸까? 그렇지 않다. 단맛이 나는 음식을 좋아했다는 기록은 역사에서 얼마든지 찾아볼 수 있다. 그러한 단맛을 대표하는 먹거리가 바로 설탕이다.

설탕은 인류의 식생활에서 역사가 깊다. 설탕의 내력을 알려면 설탕을 얻을 수 있는 식물인 사탕수수를 먼저 이야기해야 한다. 방금 한 말이 사탕수수와 무관한 음식에 설탕이 들지 않았다는 뜻은 아니다. 실제로 온갖 종류의 과일엔 설탕이 들어 있다. 다만 설탕이라는 이름이 사탕수수에서 유래했다는 사실을 기억할 필요가 있다.

슈거케인sugarcane, 즉 사탕수수의 원산지를 카리브해의 서인도 제도로 생각하기 쉽다. 아메리카 발견 후 서구인들이 아프리카인 노예를 부려 서인도 제도에 대규모 사탕수수 농장을 경영한 탓이다.

사실 사탕수수의 원산지는 파푸아뉴기니와 인도네시아가 위치한 남태평양의 섬 뉴기니다. 뉴기니 원주민인 파푸아인이 야생의 사탕수수를 작물로서 기른 게 시작이었다. 사탕수수는 이미 선사 시대에 태평양의 섬들인 폴리네시아는 물론이고 아프리카 동쪽의 마다가스카르까지 전파됐다. 이들 지역 원주민의 말에 공통점이 많다는 점에서 해당 지역 전체는 오스트로네시아^{Austronesia}로 불리기도 한다. 이는 남풍 혹은 남쪽을 뜻하는 라틴어 아우스테르^{auster}와 섬을 뜻하는 그리스어 네소스^{nesos}를 합친 말이다.

설탕의 역사에서 빼놓을 수 없는 나라가 인도다. 인도는 기원전 5세기경부터 사탕수수를 작물로서 기르기 시작했다. 설탕으로 번역하는 영어 단어 슈거^{sugar}의 어원은 인도의 옛 문자인 산스크리트 혹은 범어의 사르카라^{sarkara}다. 사르카라가 페르시아어, 아라비아어, 라틴어, 프랑스어를 거친 후 12세기에 영어에 도입됐다. 설탕을 화학에서는 수크로스^{sucrose}라고 부르는데 이 또한 사르카라에서 유래했다.

고대 그리스인들은 인도 설탕의 존재를 알았다. 일례로 기원전 4세기 크레테에서 태어난 네아르코스는 자신이 본 인도의 사탕수수와 설탕에 대한 기록을 남겼다. 네아르코스는 마케도니아의 알렉산드로스 2세가 벌인 동방 원정 때 인더스강과 페르시아만의 티그리스강을 탐사한 해군 제독이었다.

 인도인들은 사탕수수에서 단맛의 즙을 짜내는 데 그치지 않고 이를 불로 졸여 결정 상태의 고체를 얻었다. 그렇게 얻은 결정은 보관과 운반이 즙보다 쉬웠다. 사르카라라는 범어의 본래 뜻이 자갈 혹은 모래였다. 게다가 인도인들은 이미 서기 2세기 무렵 결정 상태의 원당을 정제해 순도가 높은 백설탕을 만드는 방법도 알아냈다.

 설탕을 만드는 인도인에게는 아닐지 몰라도 고대 로마인에게 설탕은 귀한 물건이었다. 아라비아 상인에게 설탕을 구입하는 것말고 설탕을 구할 수 있는 다른 방법은 없었다. 그래서 로마인에게 설탕은 음식이라기보다는 약이었다.

 가령 1세기의 로마인 가이우스 플리니우스 세쿤두스는 《박물지》에 "설탕은 아라비아에서도 만들어지지만 인도 설탕이 더 낫다. 이것은 수수에서 발견되는 꿀의 일종이다. 치아 사이에서 소리가 나면서 부서지며 헤이즐넛 크기의 덩어리다. 설탕은 오직 의료 목적으로만 사용된다"고 썼다. 동시기 그리스인이자 생약학의 아버지로 불리는 페다니오스 디오스코우리데스도 자신의 책에서 물에 타 먹으면 "방광과 콩팥의 통증이 완화된다"고 설탕을 소개했다.

 이후 서로마의 멸망과 함께 잊혔던 설탕을 유럽에 다시 알린 건 12세기의 십자군이었다. 십자군은 레반트에 무역하러 온 아라비아의 카라반, 즉 원거리 상인 무리가 팔던 "달콤한 소금"을 접했다. 종교적 열정보단 경제적 이익에 더 관심이 컸던 베네치아는 레바논의 티레에 직접 사탕수수 농장을 차렸다. 이때도 설탕은 음식이 아니라 약이었다.

설탕을 약으로 여겼다는 증거로 당시 가톨릭 교회가 설탕에 보인 태도를 들 수 있다. 그리스도교에는 사순 시기나 대림 시기처럼 금식이 신자의 의무인 기간이 있다. 그러한 시기에 음식을 먹는 건 허용되지 않았다는 의미다. 그런데 13세기 도미니코회 수도사제인 토마스 아퀴나스는 "단식 시기라도 설탕을 먹는 건 계율 위반이 아니"라고 봤다. 설탕이 음식이 아니고 약이라고 봤기 때문에 가능한 일이었다. 실제로 십자군 전쟁 때 부상자가 구호소에 실려 오면 일단 설탕을 한 숟가락 먹였다.

설탕이 비교적 흔해진 때는 서인도 제도의 사탕수수 농장 이후다. 그래 봐야 19세기 초까지는 여전히 사치품이었다. 19세기 초 이후에 유럽 대륙에서 설탕이 대중적인 음식이 된 건 사탕수수를 대신할 수 있는 식물을 찾아낸 덕이다. 바로 사탕무 sugar beet다. 줄기를 압착해 즙을 얻는 사탕수수와 달리 사탕무는 무처럼 생긴 뿌리를 끓여 즙을 얻는다. 식물은 다를지언정 최종적으로 얻는 설탕은 서로 구별되지 않는다.

1575년 프랑스의 올리비에 드 세레가 사탕무에서 설탕을 얻을 수 있음을 확인했지만 당시엔 널리 알려지지 않았다. 사탕무가 새롭게 관심을 받게 된 건 18세기 중반 프로이센의 프리드리히 2세가 사탕수수 이외에 설탕을 얻을 방법을 찾아보라고 지시한 덕분이다. 고온 다습한 기후에서 자라는 사탕수수를 한랭한 프로이센에선 기를 방법이 없었다.

    십수 년의 육종 끝에 프란츠 칼 아크하르트는 1801년 오늘날 폴란드 동쪽 지역에 사탕무 설탕 정제 공장을 세웠다. 사탕수수로 설탕을 만드는 영국의 업자들은 아크하르트를 돈으로 매수하려고 시도했지만 실패했다. 이후 사탕무의 재배와 사탕무 기반 설탕 공장은 프랑스를 포함한 유럽 대륙 전체로 퍼졌다.

설탕이 귀하던 시절 서양에서
단맛을 대신했던 음식들

설탕이 귀했던 시절 서양 사람들은 단맛에 대한 욕구를 무엇으로 채웠을까? 유일한 대안은 벌꿀이었다. 벌꿀의 역사는 설탕을 한참 앞선다. 일례로 1924년 에스파냐 발렌시아에서 발견된 아라냐 동굴벽화에는 벌집을 따려고 높은 곳을 기어오르는 사람과 그 사람 주변을 날아다니는 꿀벌이 그려져 있다. 이 벽화는 아무리 늦어도 약 8천 년 전에 그려진 걸로 추정된다.

꿀벌은 동서양을 막론하고 어디서나 발견되던 생물이었다. 인간은 벌꿀을 야생의 벌집에서 채집하거나 혹은 양봉으로 수확했다. 심지어 아메리카의 마야인들도 유럽인들이 나타나기 전 이미 꿀벌을 길러 벌꿀을 얻었다. 물론 그렇게 얻은 벌꿀의 양은 다수가 소비할 정도로 충분하진 않았다.

꿀이 설탕을 대신한 유일한 과거의 음식이었다는 말에 고개를 갸우뚱할 수 있다. 가령 과일을 졸인 잼이나 오렌지 등의 껍질로 만드는 마멀레이드를 먹을 수도 있지 않았을까.

조금 더 따져 보면 논의가 도로 제자리로 돌아온다. 과일에 설탕이나 꿀을 첨가해야 잼과 마멀레이드를 만들 수 있기 때문이다. 달리 말해 과일만 졸여서는 잼이 만들어지지 않는다. 고대 그리스인들은 모과를 꿀에 절이면 오래 보관할 수 있다는 사실을 알았다. 4세기경에 편집된 로마의 요리책에는 살이 연한 과일을 꿀과 섞은 후 끓여 잼을 만드는 레시피가 실려 있다.

단맛이 나는 물질은 설탕이나 꿀말고는 더 이상 없는 걸까? 그렇진 않다. 가령 프랑스의 샤를 아돌프 뷔르츠가 1856년에 최초로 합성한 에틸렌글리콜은 단맛이 난다. 자동차 부동액의 주요한 원료 물질인 에틸렌글리콜은 먹으면 큰일난다. 에틸렌글리콜이 신체 내부에서 대사되며 나오는 옥살산 등의 독성이 강해 심하면 사망에 이르기 때문이다.

오늘날 단맛이 난다는 이유로 에틸렌글리콜을 들이켤 사람은 극히 드물다. 설탕과 꿀로 단맛 욕구를 얼마든지 채울 수 있기 때문이다. 옛날은 달랐다. 설탕과 꿀이 귀했기에 독성을 짐작하면서도 먹는 걸 끊지 못한 물질이 있었기 때문이다. 바로 아세트산납, 일명 '납 설탕'이다.

고대 로마인들은 납을 두루 썼다. 납이 은을 제련하는

과정에서 생기는 데다가 무르고 녹는점도 낮아 가공이 쉬웠기 때문이다. 게다가 철과 달리 녹이 슬지 않는다는 장점도 있었다. 로마인들은 수도관을 납으로 만들었다. 수도 배관을 가리키는 영어 플러밍plumbing은 납을 뜻하는 라틴어 플룸붐plumbum에서 유래했다.

문제는 납으로 만든 식기였다. 포도주를 상온에 오래 두면 시큼한 식초로 변한다. 자연적으로 아세트산이 생기기 때문이다. 그런데 아세트산은 납과 화학 반응을 일으켜 단맛이 나는 아세트산납으로 바뀐다. 납으로 만든 주전자에 담긴 포도주에서 단맛을 느낀 로마인들은 아예 포도 주스를 납 주전자에 담아 끓여 데프루툼defrutum이라는 시럽을 만들어 먹었다. 또 포도주를 오래 보관하려는 목적으로 납을 넣기도 했다.

그 결과는 치명적인 납 중독이었다. 사회 전반적인 납 중독이 로마의 멸망을 가져온 한 가지 원인이라 주장하는 사람도 있다. 납 중독은 단지 로마 시대로 끝나지 않았다. 1047년에 죽은 가톨릭 교종 클레멘스 2세는 20세기 중반에 이루어진 독성학 검사로 납 중독으로 죽었음이 확인되었다. 납 설탕이 든 포도주를 즐긴 탓에 납 중독으로 죽었을 가능성이 있는 사람 중엔 1827년에 숨진 음악가 루트비히 판 베토벤도 있다.[5]

---

5   1990년대 그의 머리카락 분석에서 높은 납 수치가 확인되었다.

설탕·꿀 대신 찾은
우리 고유의 단맛

음식이 아닌 물질 수준에서 인간이 단맛을 느끼는 건 여러 가지다. 하지만 이들에겐 공통점이 있다. 녹말緣末이 분해된 물질이라는 점이다. 녹말은 광합성을 하는 초록緣 식물의 최종末 생산물이다. 화학에선 녹말을 탄수화물이라고 부른다. 초등학교 과학 시간에 가르치듯 탄수화물은 단백질 및 지방과 함께 인간이 에너지원으로 사용하는 3대 영양소 중 하나다.

사실 탄수화물이라는 명칭은 알고 나면 살짝 민망한 이름이다. 탄소와 물이 결합한 물질이라는 뜻이기 때문이다. 탄수화물 분자에 물을 구성하는 수소와 산소, 그리고 탄소가 있는 건 사실이지만 실제로 물 분자가 결합해 있는 형태는 아니다. 우연히 수소와 산소의 비율이 물과 같은 2대1일

뿐이다. 탄수화물은 기본적으로 다수의 당糖이 여러 형태로 결합된 복합체다. 당의 한자는 쌀米과 10세기 초에 멸망한 한족의 국가 당唐의 결합으로 엿이나 사탕 혹은 설탕을 뜻한다. 7세기에 인도가 사탕수수를 기르는 법과 설탕 추출하는 법을 당에 가르쳐 준 데서 유래한 글자다. 이 문자는 설탕이나 사탕에서처럼 '탕'으로 읽을 때도 있고 당분이나 흑당처럼 '당'으로 읽을 때도 있다. 과거엔 사탕을 '사당'으로 읽기도 했다.

가장 기본이 되는 당의 종류에는 모두 세 가지가 있다. 그것들이 어떤 식으로 결합하느냐에 따라 다른 종류의 탄수화물이 된다. 당의 기본 단위라는 의미에서 단당이라는 용어도 쓴다.

첫 번째 단당은 글루코스glucose, 즉 포도당이다. 글루코스는 포도주를 뜻하는 그리스어 글레우코스gleukos를 가지고 만든 단어다. 글루코스를 포도당으로 번역한 이유가 바로 이거다. 달리 말해 포도당은 포도에서만 발견되는 당은 아니다. 포도당이 들어 있는 음식은 한두 가지가 아니다.

두 번째 단당은 프룩토스fructose, 즉 과당이다. 과당은 이름에서 짐작할 수 있듯이 과일에서 주로 발견되는 당이다. 가령 막 여물기 시작한 포도에서 포도당과 과당의 비는 대략 1대1이다. 농익은 포도라면 과당의 비율이 포도당보다 높아진다.

세 번째 단당은 갈락토스galactose다. 갈락토스는 한자어가 따로 없다. 갈락토스는 젖을 뜻하는 그리스어 갈라^{gala}를 가지고 만든 단어다. 우유와 우유로 만드는 치즈 등의 유제품에 많이 든 건 물론이고 아보카도나 사탕무에서도 발견된다. 단당인 포도당, 과당, 갈락토스는 분자식이 탄소 원자 6개, 수소 원자 12개, 산소 원자 6개로 모두 똑같다. 즉 성분은 동일하되 구조에 차이가 있다.

    탄수화물은 분해되면 결국엔 여러 개의 포도당, 과당, 갈락토스로 바뀌지만 중간 단계도 자연 상태에 존재한다. 가령 엿당 혹은 맥아당으로 불리는 말토스^{maltose}는 두 개의 포도당 분자가 결합한 결과다. 또 젖당 혹은 유당으로 옮기는 락토스^{lactose}는 갈락토스 분자 한 개와 포도당 분자 한 개가 결합한 물질이다. 엿당이나 젖당은 단당 두 개로 구성된다는 의미에서 '이당'이라고도 불린다.

    설탕 또한 이당이다. 설탕은 과당 분자 한 개와 포도당 분자 한 개로 구성된다. 알고 보면 앞서 언급한 벌꿀도 기본적으론 설탕 덩어리다. 단 벌꿀에는 사탕수수나 사탕무로 만든 순수한 설탕엔 없는 무기물이 일부 포함돼 있다.

    인간이 단맛을 느끼는 물질은 앞에서 설명한 단당과 이당이다. 왜 이들을 인간은 달다고 느끼는 걸까? 진화생물학은 당이 포함된 음식이 가장 안전했고 그래서 이를 맛있다고 느끼게 됐다고 설명한다. 달콤한 맛은 원시인에게 좋은 에너지원이었을 과일과 관련이 깊다. 반대로 몸에 해로운 독소를 먹으면 인간은 대체로 쓴맛을 느낀다.

사실 이러한 구분은 경험적인 대강의 경향에 불과할 뿐 완전무결한 원리는 아니다. 가령 원자번호가 4번인 베릴륨은 맛을 보면 단맛을 느낄 수 있다. 아이러니하게도 베릴륨은 수은이나 비소를 능가하는 1급 발암물질이다. 인간이 느끼는 단맛이라는 미각이 완벽한 기준은 아니라는 의미다.

당이 풍부한 과일이나 과즙을 좋아하는 건 인간이 유일하진 않다. 여러 동물과 곤충도 단맛을 찾는다. 가령 곰은 벌에 쏘이는 것에 아랑곳하지 않고 벌집을 뒤진다. 꿀에 가득 든 과당의 맛을 좋아하기 때문이다. 하지만 이 또한 무조건적이진 않다. 일례로, 고양이는 당에 끌리지 않는다. 고양이과에 속하는 호랑이나 치타도 단맛에 무관심하다.

그렇다면 단당의 단맛은 서로 꼭 같은 걸까? 그렇진 않다. 과당을 가장 달게 느끼고 그다음이 포도당이고 갈락토스를 가장 덜 달게 느낀다. 수치로 표현하자면 과당이 170이라면 포도당은 70, 갈락토스는 30 정도다. 분자식이 같아도 구조가 다르면 단맛의 세기가 달라진다는 의미다. 다만 사람마다 개인차가 있어서 이러한 숫자가 모두에게 성립된다고 이야기할 수는 없다.

약 혹은 사치품이었던 시절 설탕의 과다 섭취는 걱정할 일이 아니었다. 많이 먹고 싶어도 먹을 수 있는 설탕이 충분하지 않아서였다. 설탕이 흔해진 요즘은 이야기가 다르다. 단맛에 끌려 자제 없이 먹다 보면 온갖 폐해가 몸에 나타난다. 뭐든지 지나치면 모자란 것보다 못하다는 말이 제격인

상황이다.

설탕을 구성하는 포도당과 과당 중 포도당은 큰 문제가 아니다. 인체는 포도당을 연료로 효율적으로 사용한다. 섭취한 포도당의 20퍼센트만 간에 글리코겐의 형태로 저장하고 나머지 80퍼센트는 근육 등으로 보내 에너지를 내는 데 쓴다.

물론 포도당도 너무 많이 먹으면 혈당이 높아지고 잉여 포도당이 중성 지방으로 바뀌어 지방 세포에 쌓이는 등의 문제가 생긴다. 하지만 인체는 이에 대한 대비책이 있다. 그럴 때 지방 세포에서 호르몬의 일종인 렙틴을 분비하기 때문이다. 렙틴은 식욕을 억제하고 에너지 소모를 증가하게 만든다. 포만감을 느끼게 해 과도한 포도당 섭취를 중단하게 하는 거다.

문제는 단맛이 가장 센 과당이다. 과당의 물질대사는 인체에서 알코올과 비슷하게 처리된다. 과당은 포도당과 달리 대부분 간에 흡수된다. 간에 흡수된 과당은 인산기가 붙으면서 중성 지방으로 바뀐다. 중성 지방의 일부는 지방 세포에 쌓이고 나머지는 간에 남아 지방간을 유발한다. 결과적으로 염증 및 알레르기 반응과 자가면역 질환이 생길 가능성이 높아진다. 게다가 과당은 앞서 설명한 렙틴의 생성과 분비를 방해하기까지 한다. 몸이 망가지는 데도 멈추지 않고 계속 단맛을 찾게 만드는 주범인 셈이다.

그런 면에서 희한한 존재가 있다. 우리 선조들이 예로

부터 만들어 먹은 이당 혹은 조청이다. 이당의 한자는 엿 이飴와 엿 당餳으로, 이는 묽은 엿을, 당은 된 엿을 나타낸다. 또한 조청의 한자는 지을 조造에 맑을 청淸이다. 맑을 청의 14번째 뜻이 바로 꿀이다. 조청은 물엿을 조금 졸인 걸 가리킨다.

조청은 쌀이나 현미 같은 곡물에 엿기름을 첨가한 후 불을 때어 만든다. 엿기름이라는 거에 설탕이나 꿀이 들었나 하고 생각할 수 있지만 그런 건 아니다. 엿기름은 싹이 난 보리를 가리키는 말이다. 엿기름의 기름은 기른다는 의미다. 엿기름을 가리키는 다른 말이 바로 맥아다. 맥아에 해당하는 영어 단어가 위스키 앞에 흔히 오는 몰트malt다.

즉 엿은 포도당 두 개가 결합된 엿당이다. 엿을 만드는 원 재료가 설탕과 무관한 곡물이기 때문이다. 과당이 없는 엿당은 단맛의 세기가 설탕의 절반 정도로, 과당으로 야기되는 문제를 피할 수 있다.

엿은 그러면 얼마나 오래되었을까? 인터넷을 찾아보면 13세기 이규보가 쓴 《동국여지승람》에 엿에 대한 기록이 나오기에 고려 때 이미 엿을 만들었다는 주장이 많다. 이규보가 쓴 책이 《동국이상국집》이란 사실만 너그럽게 눈감아 주면 근거가 아주 없지는 않다. 거기에 행당맥락杏餳麥酪이라는 문구가 있기 때문이다.

행당은 한자를 풀면 '살구 엿'이다. 행당은 행죽과 같은 것으로서 '갈은 살구씨를 쌀뜨물에 붓고 쑨 후 꿀을 탄 죽'이다. 그러니까 행당은 서양의 잼과 본질이 같다. 반면 맥락의 한자를 풀면 '보리 타락'이다. 타락은 '낙타의 젖을 끓여 만든 음료나 과즙 혹은 단술'을 가리킨다. 즉 보리를 끓여 만드는 맥락은 물엿일 가능성이 다분하다.

조선 때 엿을 만들어 먹은 건 확실하다. 《조선왕조실록》 세종 3년인 1421년 1월 13일자에 예조에서 계하기를 "백산 엿飴糖은 오직 전주에서만 만드는 것인데" 하는 기록이 나온다. 단맛을 보려면 엿을 만들어야 하지만 먹을 곡식이 충분하지 않은데도 만드는 건 또 다른 문제였다. 조선 왕조는 쌀 낭비를 막기 위해 엿 제조를 금지하곤 했다.

설탕보다 건강한 엿을 최초로 만든 사람은 그러면 누구였을까? 아무런 기록이 전해지지 않아 알 방법은 없다. 다만 그게 단맛이 나는 물질을 찾으려 하다가 만든 게 아니라는 건 충분히 짐작할 수 있다. 아마도 밥을 따뜻한 곳에 뒀다가 나중에 보니 단맛이 나서 이후 여러 곡식을 섞어 고는 시도를 하게 됐을 터다. 즉 그건 거의 틀림없이 우연의 결과다.

단맛의 인공 감미료를
세상에 가져온 부주의와 불찰

콘스탄틴 팔베르크는 1850년 러시아 탐보프에서 태어났다. 모스크바에서 동남쪽으로 약 400킬로미터 떨어진 탐보프는 러시아에서 알아주는 두메산골이었다. 팔베르크의 아빠는 오늘날의 에스토니아에서 태어난 독일계였다. 1868년 모스크바 물리화학기술대학에 들어간 팔베르크는 1873년 독일 라이프치히대학에서 화학 박사 학위를 받았다.

한편, 1873년 크리스마스 이브날, 일흔여덟 살의 존스 홉킨스가 숨졌다. 철도 회사에 투자해 억만장자가 된 홉킨스는 퀘이커였다. 홉킨스는 자신이 한평생 산 볼티모어에 새로운 대학을 세울 기금을 유산으로 남겼다. 홉킨스의 이름을 딴 존스홉킨스대학의 초대 총장은 대니얼 코이트 길먼이었다. 직전까지 캘리포니아 버클리대학의 총장이었던 길먼은 1876년 존스홉킨스대학을 열었다.

　　1874년에 미국으로 건너간 팔베르크는 개인 사무실을 열고 화학 컨설턴트로 생계를 유지했다. 근근이 버티던 1877년의 어느 날, 새로운 손님이 팔베르크를 찾아왔다. 윌리엄 페로라는 무역업자가 의뢰한 건은 자신이 수입한 설탕이 인위적으로 염색되지 않았다는 걸 미국 정부 상대의 재판에서 증명하는 일이었다. 팔베르크에게 페로의 소송을 도울 화학 지식은 있었지만 페로의 주장을 입증할 실험실 설비는 없었다.

　　볼티모어가 기반인 페로는 새로 생긴 존스홉킨스대학을 떠올렸다. 길먼은 존스홉킨스대학을 개교하면서 젊고 촉망되는 연구자들을 불러 모았다. 화학과의 초대 학과장으로 길먼이 뽑은 사람은 팔베르크보다 네 살 많은 아이러 렘슨이었다. 페로의 돈을 받은 렘슨은 팔베르크가 자신의 실험실 설비를 쓸 수 있도록 허락했다.

　　실험 장비 문제는 해결됐지만 막상 팔베르크의 돈벌이가 될 페로의 소송은 이런저런 이유로 계속 지연됐다. 팔베르크로선 답답할 노릇이었지만 의외의 일이 생겼다. 렘슨이 팔베르크를 좋게 본 거였다. 한 가지 이유는 렘슨이 1870년 독일 괴팅겐대학에서 화학 박사 학위를 받았다는 점이었다. 1878년 초 렘슨은 팔베르크를 박사 후 연구원으로 채용했다.

　　1878년 6월, 팔베르크는 석탄 타르의 치환 물질을 만드는 실험을 했다. 실험의 주제는 렘슨이 정한 거였다. 저녁 식사를 하러 집으로 돌아간 팔베르크는 배가 너무 고픈 나머지 손을 씻지 않은 채 식탁에 앉았다. 그리고 빵을 한 조각 집어 입에 쑤셔 넣었다.

그때였다. 팔베르크는 현기증이 났다. 빵이 이루 말할 수 없이 달아서였다. 피곤했던 팔베르크는 빵 만들 때 실수로 설탕이 과하게 들어갔나 하고 생각했다. 물을 한 모금 마시곤 냅킨으로 콧수염을 닦았다. 놀랍게도 콧수염을 닦은 냅킨은 좀 전에 먹은 빵보다 더 달았다.

이제 단맛의 원인은 하나로 좁혀졌다. 팔베르크 자기 자신이었다. 팔베르크는 자신의 엄지 손가락을 혀에 갖다 댔다. 그건 팔베르크가 그동안 살면서 단 한 번도 느껴본 적이 없는 강한 단맛이었다.

팔베르크가 석탄 타르를 가지고 의도치 않게 만든 물질은 설탕의 300배만큼 달다. 여기서 300배라는 수치는 가령 설탕 1그램이 주는 단맛의 세기를 300분의 1그램만 갖고 낼 수 있다는 의미다. 팔베르크는 해당 물질에 대한 특허를 받으면서 사카린saccharin이라는 이름을 지어 붙였다. 사카린의 어원은 역시나 범어의 사르카라다.

물엿을 논외로 하면 최초의 인공 감미료인 사카린에는 생각지 못한 특성이 있다. 설탕과 달리 열량이 없고 또 몸에서 대사되지 않고 그대로 배출된다는 점이다. 달리 말해 비만이나 성인병에 걸릴 염려 없이 단맛을 즐길 수 있다. 요즘은 유전자 변형 식품으로 악명 높은 몬산토가 1901년에 세워진 애초의 이유는 바로 코카콜라에 사카린을 공급하기 위해서였다. 단맛이 나지만 열량이 없다는 점은 당뇨병 환자에게 특히 유용한 성질이다.

그런 사카린을 증오의 눈으로 바라보던 사람들이 있었다. 바로 설탕업자들이었다. 20세기 초반부터 후반까지 사카린의 안전성에 대한 끊임없는 문제 제기의 배후에는 그들과 그들의 돈을 받은 지식 청부업자들이 있었다. 극단적으로 과용량의 사카린을 투여한 쥐에 방광암이 생겼다는 이유로 한때 사카린의 섭취가 금지됐던 국가가 과거엔 존재했다. 그러한 위험성은 세계보건기구와 국제암연구소에 의해 현재는 모두 해소된 상태다.

1912년 미국 오하이오에서 태어난 마이클 스베이다의 부모는 체코슬로바키아에서 온 이민자였다. 스베이다는 오하이오에 위치한 털리도대학을 1934년에 졸업했다. 털리도대학의 졸업자 중에는 감자칩 제품인 프링글스의 포장 용기 특허를 받은 프레드릭 바우어와 아들 부시 밑에서 미국 재무장관을 지낸 존 스노 등이 있다.

일리노이 어바나샴페인대학 화학과 대학원에 진학한 스베이다는 1937년 해열제를 합성하는 실험을 수행하게 되었다. 당시만 해도 대학의 화학 실험 안전 기준은 지금보다 느슨했다. 실험 도중 머리를 식히고 싶었던 스베이다는 실험실에서 담배에 불을 붙였다. 요즘이라면 있을 수 없는 일이었다.

원래 스베이다는 파이프 담배만 피웠다. 그런데 그해 1월에 오하이오강에 큰 홍수가 났다. 385명이 죽고 백만 명 가까이 살 집을 잃은 당시의 홍수 때 측정된 수위는 오늘날까지도 깨지지 않는 오하이오강의 역대 최고 기록이다. 일부 도시에 계엄이 선포될 정도의 혼란 속에서 시장 경제의 공급망은 마비가 됐다. 스베이다는 파이프에 넣을 담배 잎을 구할 수가 없었다. 어쩔 수 없이 스베이다는 그나마 구할 수 있는 궐련을 피우게 됐다.

몇 모금 담배를 빤 스베이다는 궐련을 파이프 담배처럼 의자에 내려놓고 싶었다. 아무리 느슨한 대학원생이라 해도 화학 약품이 즐비한 실험 테이블 위에 불이 붙어 있는 담배 파이프를 놓지는 않았다. 파이프를 의자에 놓았다면 무거운 담배 넣는 쪽만 의자에 닿고 입으로 빠는 쪽은 의자에 닿을 일이 없었다.

그런데 궐련은 파이프보다 까다로웠다. 불 붙은 쪽을 의자의 앉는 면에 놓을 수는 없었다. 하는 수 없이 스베이다는 입에 무는 쪽을 의자의 앉는 면에 놓고 불 붙은 쪽은 의자 바깥으로 나오게 했다. 홍수가 나지 않았다면, 또 홍수가 났더라도 스베이다가 담뱃잎을 살 수 있었다면 벌어질 리 없는 일이 벌어진 셈이었다.

잠시 후 다시 궐련을 집어 입에 가져간 스베이다는 깜짝 놀랐다. 궐련에서 단맛이 느껴져서였다. 흥미가 생긴 스베이다는 자기 앞에 놓여 있는 모든 비커의 용액을 맛봤다. 이 또한 안전 기준이 느슨한 당시라서 있을 수 있는 일이었다. 그 용액 중 하나가 달콤했다. 팔베르크가 59년 전에 겪었던 일을 스베이다가 다시 반복한 거였다. 스베이다는 나중에 뉴욕타임스와 한 인터뷰에서 "신은 바보 멍청이와 어린이, 그리고 화학자를 돌봅니다"라고 말했다.

스베이다가 의도치 않게 만든 물질은 엄밀하게는 시클로헥실설파민산나트륨이었다. 이는 나중에 시클라메이트라는 이름으로 불리게 되었다. 시클라메이트는 역사상 두 번째의 인공 감미료다. 시클라메이트는 설탕의 약 40배만큼 달고 사카린처럼 열량이 없다. 게다가 값도 싸고 열을 가해도 화학적으로 안정한 유용한 특성도 있다.

안타깝게도 시클라메이트는 사카린과 비슷한 고초를 겪었다. 사카린의 금지에 활용된 동물 실험과 비슷한 기법이 동원된 동물 실험 때문에 1970년부터 미국을 시작으로 섭취가 전면 금지됐다. 나중에 이뤄진 다수의 후속 연구는 당시의 판단이 무리였음을 증명했다. 이후 유럽연합을 비롯해 전 세계 대부분의 국가는 시클라메이트의 사용을 허가했다.

그럼에도 미국식품의약처 FDA는 자신의 이전 결정의 오류를 인정하고 싶지 않은 탓인지 여전히 시클라메이트를 허용하지 않고 있다. 미국 외에 시클라메이트를 금지하고 있는 나라에 한국과 방글라데시가 있다.

스베이다가 뒷걸음질 치다가 쥐를 잡기 7년 전인 1930년에 브라질에서 태어난 제임스 슐래터는 고등학교까지 브라질에서 다녔다. 미국 인디애나에 있는 드포대학을 1952년에 졸업한 슐래터는 1954년 인디애나대학에서 화학 석사 학위를 받았다. 드포대학의 졸업자 중에는 미국 스포츠채널 ESPN의 설립자인 빌 라스무센과 아빠 부시가 미국 대통령이었을 때 부통령을 지낸 댄 퀘일이 있다.

슐래터가 들어간 곳은 제약회사 서얼G. D. Searle이었다. 1965년, 슐래터는 상사 로버트 마주르의 지휘 아래 테트라펩타이드를 합성하려 했다. 아미노산 네 개가 펩타이드 결합을 한 테트라펩타이드는 표준적인 궤양 치료제였다. 이의 구성 요소인 아미노산은 아무 맛이 없는 물질이었고 다른 성분은 쓴맛이 나는 물질이었다.

슐래터는 마주르가 합성해 놓은 중간 단계의 물질을 재결정화하려고 메탄올이 담긴 플라스크에 넣고 가열했다. 이어 플라스크 속의 결정을 옮겨 담다가 손에 묻혔다. 얼마 후 슐래터는 실험 보고서를 집기 위해 손가락에 침을 묻혔다. 부주의는 아니었다. 이 물질에 독성이 있을 가능성이 매우 낮다는 화학 지식이 있었기 때문이었다. 놀랍게도 슐래터는 강한 단맛을 느꼈다.

슐래터가 맛본 물질은 나중에 아스파탐aspartame이라는 이름을 얻었다. 아스파탐은 설탕의 200배만큼 달다. 아스파탐은 사카린이나 시클라메이트처럼 열량이 없지는 않다. 아스파탐의 열량은 설탕과 비슷하다. 다만 설탕보다 200배 달기 때문에 열량도 200분의 1로 줄일 수 있다. 아스파탐은 거의 모든 나라에서 허용된다.

이젠 살짝 지겹겠지만 오늘날 누트리노바로 이름을 바꾼 휄스트의 연구원인 칼 클라우스는 1967년 설탕과 전혀 무관한 목적으로 실험 중이었다. 실수로 용액에 손가락을 담근 클라우스는 인쇄한 논문을 넘기기 위해 손가락에 침을 묻혔다. 아니나 다를까, 손가락에서 강한 단맛이 났다.

클라우스가 맛본 물질은 아세설팜칼륨이었다. 아세설팜칼륨은 아스파탐과 비슷하게 설탕의 200배만큼 달고 거의 모든 나라에서 허용된다. 반면, 아스파탐과 달리 열에 안정하고 열량도 없다.

오늘날 가장 폭넓게 사용되는 인공 감미료는 수크랄로스다. 수크랄로스는 설탕의 600배만큼 달다. 즉 수크랄로스는 모든 인공 감미료 중 가장 단맛이 강하다. 또 수크랄로스의 열량은 0이나 다름없다. 게다가 사카린이나 아스파탐 등에 있는 쓴맛이나 뭔가 설탕 같지 않은 맛도 별로 없다.

그럼 수크랄로스는 어떻게 만들게 되었을까? 테이트앤드라일은 19세기에 세워진 두 라이벌 설탕회사가 하나로 합병한 회사였다. 회사 이름의 테이트는 런던의 테이트갤러리를 세운 헨리 테이트를 가리켰다.

사카린을 필두로 계속 인공 감미료가 만들어지자 테이트앤드라일은 더 이상 설탕업에 미래가 없다고 생각했다.

1970년대부터 사업 다각화를 진지하게 추진한 테이트앤드라일은 퀸엘리자베스칼리지의 화학 교수 레슬리 허프에게 프로젝트를 주었다. 설탕의 다른 용도를 찾아보라는 프로젝트였다.

허프가 생각한 한 가지 가능성은 살충제였다. 살충제를 설탕 용액에 넣으면 혹시 독성이 어떻게 변하는지 실험으로 확인할 필요가 있었다. 1975년 여름, 허프는 인도 태생의 대학원생 샤시칸트 파드니스에게 다량의 염화설퍼릴을 설탕 용액에 넣으라고 지시했다. 색이 없고 자극적인 냄새가 있는 염화설퍼릴은 피부와 점막을 부식하는 특성이 있다. 즉 이는 극악한 살충제인 디디티DDT처럼 분자 구조에 염소가 가득한 물질이었다.

그렇게 얻은 분말을 두고 허프는 "테스트 test", 즉 시험해 보라고 파드니스에게 지시했다. 영국 영어가 완전히 익숙하지 않았던 파드니스는 이를 "테이스트 taste", 즉 맛보라는 걸로 이해했다. 허프가 한눈을 파는 사이 파드니스는 분말의 맛을 봤다. 수크랄로스라는 이름이 나중에 붙을 이 가루는 혀가 아릴 정도로 달았다.

• 제4장 •

농기구를 만들다
파산한 사람이 실수로 만든
가황 고무

  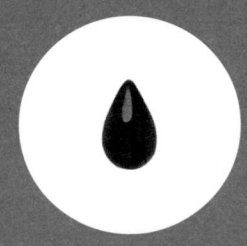

아마존강 유역에서 자라는
나무 수액의 쓰임

콜럼버스가 서인도 제도에 의도치 않게 도달한 이후 유럽인들은 아메리카 고유의 문물을 접하게 되었다. 앞선 3장에 나왔던 코코아가 한 예라면 또 다른 예는 마야어로 피츠였다. 피츠는 지역에 따라 다른 이름으로 불리기도 했다. 일례로 유카탄 반도의 마야인들은 피츠를 포콜폭이라고 불렀다. 또 아즈텍인들은 피츠를 '올라마리스틀리'라고 불렀다.

이름은 달랐지만 공통점이 있었다. 반드시 동그란 물체, 즉 공이 필요하다는 점이었다. 그 물건은 당시 유럽인들이 대포알로 쓰던 '라운드샷'과 생김새가 비슷했다. 라운드샷의 재료는 공 모양으로 깎은 돌이나 주형으로 굳힌 철이었다.

게다가 세부 규칙은 조금씩 차이가 있었으나 모든 피츠

경기는 근본적인 유사성이 있다. 바로 두 편으로 나뉜 사람들이 벌이는 행위라는 점이었다. 피츠의 참가자들은 공 모양의 물건을 발로 차거나 혹은 맨손 아니면 기구를 이용해 쳤다.

그 결과 물건이 상대편 진영의 벽에 닿으면 점수를 얻고 또 높은 곳에 만들어 놓은 링을 통과하게 되면 끝이 났다. 즉 그건 놀이면서 동시에 의식이었다. 말하자면 피츠는 오늘날 공을 가지고 하는 모든 구기 종목 스포츠의 원조격이라고 할 만했다.

유럽인들이 피츠에 매료된 또 다른 이유가 있었다. 모양은 라운드샷과 같았으나, 피츠의 공은 물에 뜨는 성질이 있었다. 즉 재료의 밀도가 물보다 작았다. 당시 유럽의 지식 체계에서는 이해하기 어려운 일이었다. 물론 나무토막은 물에 뜨지만, 피츠의 공은 단순히 나무를 둥글게 깎은 것이 아님을 쉽게 알 수 있었다.

그렇다면 마야인과 아즈텍인들은 공을 만드는 데 쓴 물질을 어디에서 구했을까? 아마존강 유역에서 자라는 특정 종류의 나무 껍질에 상처를 내면 우유와 비슷해 보이는 수액이 흘러 나왔다. 그걸 둥글게 굳힌 게 바로 피츠에서 쓰던 공이었다. 아메리카 원주민들은 그 수액을 헤베아라고 불렀다. 그 결과 그걸 얻을 수 있는 나무는 나중에 헤베아 브라질리엔시스라는 학명을 얻었다. 말하자면 브라질의 헤베아 나무였다.

제4장

헤베아를 두고 유럽인들은 라텍스^{latex}라고 불렀다. 이는 액체를 뜻하는 라틴어를 그대로 가져다 쓴 결과였다. 라텍스는 꼭 헤베아만을 가리키는 말은 아니었다. 가령 양귀비 열매에 상처를 내 얻은 물질도 라텍스라고 불렸다. 그 수액을 말린 게 바로 마약인 아편이었다.

껍질에 상처를 내면 수액이 나오는 건 헤베아 브라질리엔시스가 유일하지 않았다. 가령 아즈텍인들이 칙틀리라고 부르고 마야인들이 치크테라고 부르는 물질은 마닐카라속 나무로부터 얻을 수 있었다. 에스파냐인들은 칙틀리를 치클레^{chicle}라고 불렀다.

치클레는 헤베아와 비슷하면서도 다른 면이 있었다. 헤베아가 좀 더 흐르는 액체라면 치클레는 송진 같은 끈적끈적한 나무 기름에 가까웠다. 달리 말해 치클레는 헤베아보다 점성이 컸다. 무엇보다도 치클레는 미묘한 풍미와 함께 단맛이 났다. 에스파냐인들이 보기에 치클레는 과거 로마인들이 심심풀이로 씹던 아칸서스 수지, 즉 구미^{gummi}와 비슷했다. 오늘날의 치클 껌$^{chicle\ gum}$이라는 말은 바로 치클레와 구미를 합친 결과다.

헤베아를 굳힌 물질은 손으로 당기면 길게 늘어났다가 손을 놓으면 원래대로 줄어들었다. 서양인들은 라틴어의 구미를 각자 자기들 방식으로 그 물질의 이름으로 삼았다. 가령 포르투갈에선 고마^{goma}, 네덜란드에선 곰^{gom}으로 불렸다. 이게 일본어의 고무가 되어 이후 한국어에도 그대로 들어왔다. 즉 헤베아 혹은 라텍스는 오늘날 우리가 고무라고 부르는 고체 물질이 되기 전의 액체 상태다. 달리 말해 껌과 고무는 어원이 같다.

아메리카에서 가져온 고무를 막상 유럽에선 어디에 써야 할지 몰랐다. 프랑스의 샤를마리 드 라 콩다민은 1736년 고무 샘플을 프랑스 왕립학술원에 제출했다. 1755년 프랑수아 프레누가 고무의 물성을 연구한 논문을 발표했지만 아무도 관심을 두지 않았다.

게다가 유럽인들은 마야인들처럼 고무로 공을 만들 생각을 하지 않았다. 예컨대 1597년에 만들어진 크리켓은 코르크를 실로 감싼 후 가죽으로 꿰맨 공을 썼다. 16세기 에스키모 인디언들이 했다는 기록이 있는 오늘날의 축구 비슷한 경기도 돼지 방광으로 만든 공을 썼다. 고무로 만든 축구공은 1851년 영국의 리처드 린든과 윌리엄 길버트에 의해 처음으로 등장했다.

1770년, 고무의 새로운 용도를 찾아낸 사람이 나타났다. 영국의 조지프 프리스틀리였다. 그는 종이에 쓴 연필 글씨를 문질러 지우는 데 고무가 탁월하다는 사실을 보고했다. 이때부터 고무는 '문지르는 것'을 뜻하는 러버^{rubber}라는 이름으로도 불리기 시작했다. 러버에 지우개라는 뜻이 생긴 것도 이때부터였다.

지우개를 맨 처음으로 사용한
영국인 목사의 또 다른 업적

프리스틀리가 고무를 지우개로 쓸 수 있다는 사실을 알아낸 데에는 그럴 만한 배경이 있었다. 1565년, 영국 컴브리아 보로우데일의 그레이너츠에서 대규모 흑연 광산이 발견된 거였다. 스코틀랜드와 접한 컴브리아는 잉글랜드의 서북단 지역이었다.

흑연은 탄소의 동소체다. 즉 원자 배열만 다른 탄소 덩어리다. 탄소의 또 다른 동소체인 다이아몬드가 가장 단단한 물질인 것과 대조적으로 흑연은 무른 탓에 잘 묻어난다. 흑연을 가리키는 영어 그래파이트^{graphite}가 '새기다' 혹은 '기록하다'를 뜻하는 그리스어 그라포^{grapho}에서 유래한 것도 이러한 특성 때문이다.

사실 그레이너츠의 흑연 광산이 1565년에 발견됐다는

건 영국 왕실의 관점일 뿐이었다. 그 이전부터 보로우데일의 주민들은 그곳에 검은 돌덩어리가 흔하다는 걸 알고 있었다. 주민들은 그레이너츠의 검은 돌을 쓸모 있게 여겼다. 검은 돌로 그들이 기르는 양에 표식을 남기기에 좋았다.

당시 영국인들은 흑연을 색깔이 검은 납으로 생각했다. 그게 흑연을 가리키는 또 다른 표현인 플룸바고plumbago가 납을 지칭하는 라틴어 플룸붐plumbum에서 유래한 이유다. 납을 뜻하는 영어 레드lead에 연필심이라는 뜻이 있는 이유도 같다.

영국 왕실은 그레이너츠의 흑연을 달리 쓸 데가 있었다. 흑연은 불에 잘 견디고 또 높은 온도에서도 화학 반응을 좀처럼 일으키지 않는 내화성 물질이다. 영국은 대포알을 주조할 때 쓰는 주형의 표면을 흑연으로 처리해 매끄럽게 했다.

당연하게도 영국군의 대포알은 더욱 완전한 구형에 가까웠다. 그 결과 발사 시 포강 내 압력 누출이 줄어 사거리와 정확도가 향상되었다. 16세기 말부터 영국 해군이 해상 지배자로 부상한 데에는 흑연의 공이 컸다. 이를 알았던 영국 왕실은 그레이너츠 흑연이 외국으로 유출되지 않도록 엄격히 통제했다.

그레이너츠의 흑연을 통제함으로써 영국은 연필 생산을 독점했다. 그레이너츠의 흑연은 극히 순도가 높고 단단해 그냥 톱으로 썰기만 해도 필기구로 쓰는 게 가능했다. 다른 나라로선 영국의 연필을 밀수하는 것 외에 다른 수가 없었다.

연필 생산의 독점이 깨진 건 약 100년 후인 1662년이었다. 흑연 가루를 황 및 안티몬과 섞어 고체로 굳히는 방식이 독일에서 개발되었다. 물론 그렇게 만든 연필심의 품질은 영국제보다 떨어졌다. 연필 필기에 관해 영국은 유럽의 모든 국가를 능가하는 경험과 역사를 보유하고 있었다.

게다가 프리스틀리^{Priestley}는 그냥 영국인이 아니었다. '성직자의 땅'을 뜻하는 성姓에 걸맞게 프리스틀리는 영국 국교회를 인정하지 않는 개신교 목사였다. 교회 주관의 학교도 운영했던 프리스틀리는 1761년 영어 문법을 아이들에게 가르치는 책을 쓰기도 했다. 즉 그는 누구보다도 연필 필기를 많이 해 본 사람이었다.

오늘날 프리스틀리를 기억하는 주된 이유가 고무 지우개는 아니다. 바로 뒷장에서 다룰 탄산수 제조 장치 때문도 아니다. 프리스틀리의 최고 업적은 1774년 산소의 분리와 그 존재의 증명이었다.

다양한 업적을 남긴 프리스틀리였지만 오류가 없지는 않았다. 그는 죽을 때까지 '플로지스톤'의 존재를 믿었다. 플로지스톤은 불과 관련된다고 여겨진 가상의 물질이었다. 심지어 프리스틀리는 자신이 분리한 산소를 "플로지스톤이 제거된 공기"라고 불렀다.

컴퓨터와 앰프 외에도
세계 곳곳에서 불린 매킨토시의 이름

프리스틀리가 고무를 지우개로 쓰기 시작한 지 53년 뒤, 고무의 새로운 용도를 찾으려는 시도가 다시 영국에서 나타났다. 1823년, 쉰일곱 살의 찰스 매킨토시는 가스 공장에서 나오는 폐기물에 주목했다. 가스 공장이란 석탄을 가열해 석탄가스를 얻고, 이를 등불의 연료로 쓰는 시설이었다. 영국은 프랑스와 더불어 최초로 가스 공장을 세운 나라였다.

증기기관을 만든 제임스 와트의 회사 볼턴 앤드 와트에서 일하던 윌리엄 머독은 1794년 석탄가스를 직접 만들어 자기 집을 밝혔다. 이후 볼턴 앤드 와트는 1803년부터 석탄가스를 대량 생산해 공장과 거리의 조명에 사용하기 시작했다. 이때 부산물로 생기는 석탄 타르는 끈적거리는 기름으로, 마땅한 활용처가 없었다.

매킨토시는 석탄 타르를 증류해 나프타를 얻는 데 성공했다. 나프타는 불이 잘 붙는다는 점에서는 석탄가스와 비슷했지만 상온에서 액체라는 점이 달랐다. 그는 고무를 나프타에 넣어 보았다. 놀랍게도 고무는 나프타에 녹았다.

물론 매킨토시가 고무를 녹일 수 있는 용매를 최초로 알아낸 사람은 아니었다. 프랑스의 화학자 프랑수아 프레누는 1764년 송진 증류액으로 만든 테레빈유^{turpentine}에 고무가 녹는다는 사실을 기록했다. 1779년 이탈리아의 지오반니 파브로니 역시 나프타에 고무가 녹는다는 것을 확인했다.

유럽에서 고무에 관한 한 최고의 전문가인 프레누는 1747년 한 가지를 시도했다. 바로 고무 코트였다. 물이 고무를 투과하지 못한다는 건 이미 아즈텍인들도 알고 있던 사실이었다. 가령 아즈텍인들은 옷감을 라텍스에 적셔 방수가 되는 천을 만들어 썼다. 프레누는 오버코트에 라텍스를 바르는 식으로 고무 외투를 만들었다. 패션 분야에선 프레누를 고무 외투의 창시자로 꼽는다.

프레누의 고무 외투는 방수 성능이란 면으로 흠잡을 데가 없었다. 다른 문제가 없지는 않았다. 그걸 입으려는 사람이 아무도 없다는 점이었다. 번들거리는 고무 외투의 외피는 촉감도 이상하고 도무지 낯설었다.

매킨토시는 한 가지 생각이 있었다. 먼저 양털로 짠 모직을 놓고 나프타로 녹인 고무 액체를 발랐다. 여기까지는 프레누와 크게 다른 건 없었다. 프레누와 달랐던 점은 고무 액체를 바른 면 위에 또 다른 울 소재의 천을 덧붙였다는 점이었다. 결과적으로 매킨토시가 만든 건 두 장의 천 사이에 고무가 위치한 모직 옷감이었다.

1824년, 매킨토시는 맨체스터에서 가스 공장과 방직 공장을 운영하던 휴 혼비 벌리와 함께 회사를 세웠다. 이들이 만든 방수 모직물은 곧 '매킨토시 Mackintosh', 줄여서 '맥 Mac'으로 불렸다. 이 원단으로 만든 비옷 역시 매킨토시라는 이름으로 판매됐다.

날씨가 궂은 걸로 둘째가라면 서러운 영국에서 매킨토시는 금세 유명해졌다. 하지만 유명이 악명으로 바뀌는 데에도 시간이 오래 걸리진 않았다. 옷감 상태의 매킨토시는 방수에 문제가 없었지만 코트로 만들면서 생긴 바느질 구멍으로 물이 샜다. 또 양털에 남아 있던 기름 때문에 고무의 접착력은 시간이 갈수록 약해졌다.

매킨토시의 방수 옷감에는 더 근본적인 문제가 있었다. 바로 옷감 속의 고무가 열에 민감하다는 점이었다. 고무는 기온이 낮으면 뻣뻣해지고 기온이 높으면 흐물거린다. 매킨토시 코트도 겨울엔 고무판처럼 딱딱해져 부러지거나 고무가 안에서 부스러졌다. 또 여름엔 녹은 고무가 옷감 밖으로 흘러나와 끈적였다. 한마디로 그건 입고 다니기 어려운 물건이었다.

테슬라처럼 남의 성을
멋대로 가져다 쓴 타이어 회사

　1800년, 미국 코네티컷 주 뉴헤이븐에서 찰스 굿이어가 태어났다. 굿이어의 아버지는 상아와 금속으로 단추를 만드는 사업을 했다. 뉴헤이븐에는 1701년에 세워진 예일대학이 있었지만, 열일곱 살에 집을 떠나 금속 가공을 배우며 일했던 굿이어와는 인연이 없었다.

　1826년, 굿이어는 필라델피아에 자신의 회사를 열었다. 그는 직접 철제 농기구를 만들어 팔았다. 당시 이런 물건은 대부분 영국에서 수입해 쓰던 터라 사업은 순조로웠다. 손님을 조금씩 늘려가던 굿이어는 머지않아 부자가 될 꿈에 부풀었다.

　하지만 1829년부터 꿈은 깨지기 시작했다. 일단 위장병으로 건강을 잃었다. 동시에 야심 차게 벌인 신규 사업들이 실패하면서 체면을 구겼다. 결국 1834년 회사는 문을 닫았다. 빚을 다 갚지 못한 굿이어는 감옥살이까지 하게 되었다.

감옥에 들어가기 직전 굿이어는 당시 미국을 휩쓸던 새로운 물건에 관심이 생겼다. 바로 고무였다. 1820년 브라질에서 만든 고무 부츠가 미국 매사추세츠에 수입됐다. 방수가 되는 고무 부츠는 엄청난 인기를 누렸다.

돈 냄새를 맡은 매사추세츠 주민들은 1833년에만 아홉 개의 고무 회사를 세웠다. 대표적인 회사가 록스버리 고무였다. 오늘날의 인공지능 스타트업처럼, 너도나도 고무 비즈니스를 새로운 미래로 여겼다. 이들은 고무로 신발, 부츠, 코트를 만들어 팔았다. 매킨토시의 방수 옷감 특허는 영국 소유라 미국에서는 마음껏 베껴 쓸 수 있었다.

그렇게 만든 고무 부츠와 고무 코트는 당연하게도 이전 영국의 고무 제품과 같은 운명이었다. 여름이면 고무 부츠들은 형체를 잃고 녹아내렸다. 남은 고무 부츠들은 겨울에 탄력을 잃고 돌덩이처럼 굳어버렸다. 대부분의 고무 회사는 곧 파산했다.

고무의 문제를 해결하기로 마음먹은 굿이어가 처음으로 고무를 실험한 때는 바로 감옥에 갇혀 있을 때였다. 문제 해결 방법만 찾을 수 있다면 빚을 다 갚고도 한밑천 잡을 수 있는 건 분명해 보였다. 다른 생계 수단이 없었던 굿이어는 빌린 돈으로 생활하다 그 후로도 몇 차례 감옥을 드나들었다. 굿이어의 가족은 아직 영글지 않은 감자를 캐 먹으며 살았다. 이웃의 눈에 비친 굿이어는 온몸을 고무로 휘감고 다니는 무일푼이었다.

1837년 굿이어는 자신보다 여덟 살 어린 너새니얼 헤이워드를 만났다. 록스버리 고무 직원이던 헤이워드는 고무에 황을 넣으면 끈적임이 줄어든다는 사실을 우연히 알아냈고, 이에 관한 특허를 얻었다. 그는 고무에 사로잡힌 굿이어에게 특허를 팔았다. 그러나 고무가 더위에 녹고 추위에 딱딱해지는 근본 문제는 여전했다.

1839년 겨울, 황을 섞은 고무를 만지작거리던 굿이어는 실수로 고무를 떨어트렸다. 추운 날씨 탓에 굿이어가 있던 곳은 난로 바로 옆이었다. 그 결과 고무는 난로 위에 안착했다. 열을 받으면 물렁해지는 고무의 특성을 잘 아는 굿이어의 눈앞에서 이상한 일이 벌어졌다. 난로 위의 고무는 오히려 딱딱해졌다.

당시 집 안에 있던 굿이어의 딸은 굿이어가 이상할 정도로 흥분한 걸 지켜보고 있었다. 딸에 의하면 굿이어는 난로에 떨어졌던 고무를 들고 집 밖으로 나갔다. 얼마 후 돌아온 굿이어는 환희에 찬 표정이었다. 영하의 낮은 온도에서도 고무가 적당한 탄력을 유지하고 있었기 때문이었다.

굿이어는 자신의 실수에서 비롯된 온도 변화에 둔감한 고무를 만드는 과정을 벌커나이즈^{vulcanize}라고 명명했다. 로마 신화에서 불과 대장장이의 신인 불카누스의 이름을 가져온 거였다. 굿이어의 고무는 이후 물러지지 않고 단단하다는 의미에서 경화 고무 또는 경질 고무라고 불리게 되었다. 오늘날 우리가 사용하는 고무 제품은 대부분 경화 고무다. 1839년 2월, 굿이어는 경화 고무의 미국 특허를 받았다.

그러나 성공이 곧바로 뒤따르진 않았다. 실패로 점철된 삶을 산 굿이어의 말을 진지하게 들을 사람은 드물었다. 굿이어의 특허에 돈을 걸어 보겠다는 사람이 나타날 때까지 2년 넘게 걸렸다. 경화 고무를 만드는 방법을 계속 가다듬은 굿이어는 1844년 두 번째 미국 특허를 얻었다.

잔인하게도 굿이어는 큰돈을 벌지 못했다. 가장 큰 이유는 사람들이 굿이어의 특허를 무시하고 그냥 베낀 탓이었다. 1860년에 죽을 때까지 굿이어는 대부분의 시간을 실패한 소송으로 보냈다. 굿이어가 사망했을 때 남아 있던 빚은 모두 20만 달러였다. 이는 당시 미국 북군의 상병 980명이나 혹은 대령 79명이 1년간 월급을 한 푼도 쓰지 않고 모아야 마련할 수 있는 액수와 같았다.

굿이어가 죽은 지 38년 뒤인 1898년, 오하이오에 굿이어타이어 고무 회사가 설립되었다. 자전거 타이어, 고무 말발굽, 포커 칩 등 다양한 제품을 만들던 회사는 1901년 헨리 포드의 경주차에 타이어를 공급하며 본격적으로 이름을 알렸다. 오늘날 굿이어는 프랑스의 미쉘린, 일본의 브리지스톤과 함께 세계 3대 타이어 회사로 꼽힌다.

얄궂게도 굿이어타이어는 굿이어와 아무런 상관이 없다. 굿이어타이어를 세운 사람이 굿이어의 자손이나 친척이 아니기 때문이다. 굿이어타이어의 창업자는 굿이어가 죽기 1년 전에 태어난 프랭클린 사이벌링이다. 아빠의 농기계 회사가 1896년 금융 공황 때 파산해 길거리에 나앉은 사이벌링은 자신의 새로운 회사명으로 그냥 굿이어를 가져다 썼다.

목표했던 자동차 부동액 재료 대신
탄생한 로켓의 고체 연료

1924년 조지프 패트릭과 네이선 므누킨은 에틸렌글리콜의 새로운 합성법을 찾고 싶었다. 바로 앞 3장에 나왔던 에틸렌글리콜은 단맛이 나는 독성 물질이었다. 대량 합성이 가능하다면 그걸 팔 데를 찾는 건 어렵지 않았다. 가령 에틸렌글리콜은 자동차 부동액의 주요 원료로 쓰일 수 있었다.

패트릭이 쓸 수 있는 원물질은 에틸렌과 염소였다. 에틸렌과 염소를 반응시키면 에틸렌 디클로라이드가 생성된다. 패트릭은 에틸렌 디클로라이드에 여러 물질을 넣어 보며 에틸렌글리콜이 생성되는지를 시험했다.

별다른 성과 없이 시험이 이어지던 중 다황화나트륨을 쓸 차례가 되었다. 결과는 금세 알 수 있었다. 무색의 액체인 에틸렌글리콜일 리 없는 갈색의 반고체가 나타났기 때문이다. 반고체란 물렁하고 점착성이 있는 묵이나 두부 같은 물질을 가리킨다.

패트릭의 시험은 단순한 실패가 아니었다. 우선 갈색의 반고체는 끔찍한 냄새가 났다. 게다가 그걸 치우려던 패트릭은 난관에 부딪혔다. 어떤 용매를 부어도 싱크대에 들러붙은 갈색 반고체는 녹지 않았다.

문제의 갈색 반고체는 패트릭과 므누킨에 의해 티오콜^{Thiokol}이라는 이름을 얻었다. 티오콜은 황을 뜻하는 그리스어 테이온^{theion}과 접착제를 뜻하는 그리스어 콜라^{kolla}를 합쳐 만든 말이었다. 1929년 소금 사업을 하던 베비스 롱스트레스는 므누킨, 패트릭과 함께 티오콜을 생산하는 티오콜화학을 세웠다.

티오콜은 분자 구조가 고무와 전혀 달랐다. 그럼에도 티오콜엔 고무와 비슷한 성질이 있었다. 그건 바로 힘을 받으면 변형됐다가 힘이 사라지면 원래대로 복원되는 탄성이었다. 즉 티오콜은 자연 상태에 존재하지 않는 인조 고무 혹은 합성 고무였다.

티오콜화학의 기대와 달리 티오콜이 고무를 대신해 사용되는 일은 많지 않았다. 게다가 공장에서 나는 악취가 워낙 심해 티오콜화학은 미주리에 있던 공장을 1935년 뉴저지로 옮겨야 했다. 제2차 세계대전이 끝나는 1945년까지 티오콜화학은 별 볼 일 없는 회사였다. 1944년, 회사 대표였던 롱스트레스도 오랜 스트레스 끝에 사망했다.

제2차 세계대전이 끝난 후 티오콜의 주문이 갑자기 증가했다. 캘리포니아기술원의 제트추진연구소가 대량으로 사 간 덕분이었다. 우주 로켓을 개발하던 제트추진연구소가 보기에 티오콜은 최상의 로켓 엔진 연료면서 동시에 고체 연료를 안정하게 만드는 물질이었다. 티오콜의 이러한 쓰임은 티오콜화학의 어느 누구도 상상한 적이 없었다.

게다가 티오콜에는 고무에 없는 장점이 있었다. 패트릭이 이미 경험했듯, 어떤 종류의 기름에도 녹지 않는다는 점이었다. 티오콜은 가령 비행기의 연료 탱크가 새지 않도록 하는 밀봉재로도 활용됐다.

티오콜이라는 이름을 낯설지 않다면 아마도 1986년 우주 왕복선 챌린저의 사고 때문일 터다. 사고 후 이뤄진 조사에서 연료의 밀봉에 사용된 오링, 즉 고리 모양 부품의 결함이 폭발의 원인으로 지목됐다. 당시 문제의 고체 연료 부스터 제조사가 1982년에 소금 회사 모턴에 인수되어 모턴 티어콜 Morton Thiokol로 이름이 바뀐 티어콜화학이었다. 다만 실제로 챌린저의 오링은 티오콜이 아닌, 화학회사 듀폰이 만든 불소 고무 바이톤 Viton으로 제작된 제품이었다.

◆ 제5장 ◆

열병약을 만들려다 뜻하지 않게 왕의 염료를 만든 미성년자

동아프리카 이탈리아군 사령관
아메데오 왕자는 왜 죽었나?

미국의 내전인 남북 전쟁은 잔인하고 치열한 전쟁이었다. 1861년부터 1865년까지 약 4년 동안 양쪽 합쳐 군인만 약 65만 명이 숨졌다. 이는 당시 미국 인구 약 3100만 명의 2퍼센트에 해당했다. 여기에 흑인 노예를 포함해 10만 명이 넘는 민간인도 희생됐다.

그렇게 죽은 전사자 중에는 장군도 있었다. 가령 1824년에 태어난 토마스 웰시는 1863년 빅스버그 전투에서 북군 소장 율리시스 그랜트 휘하 9군단 소속 3개 사단 중 하나를 지휘한 준장이었다. 또 1827년생 존슨 던컨은 1862년 뉴올리언스 방어에서 중요한 잭슨 요새와 세인트필립 요새 수비를 맡은 남군 준장이었다. 웰시와 던컨은 각각 1863년과 1862년에 세상을 떠났다.

웰시와 던컨에겐 공통점이 있었다. 그중 하나는 둘 다 펜실베이니아 태생이라는 점이었다. 펜실베이니아는 남북전쟁 때 북군에 속했다. 다른 하나는 사망 원인이었다. 웰시와 던컨은 적군의 총탄이나 포탄에 죽지 않았다. 두 사람 모두 말라리아에 걸려 숨졌다.

예사로운 이해로 말라리아는 왠지 고온 다습한 열대 지방에서만 걸리는 병일 것 같다. 그런 데서 걸리기 쉬운 건 맞지만 덥고 습한 기후가 아니라고 해서 안전한 건 아니다. 당장 앞에서 예를 든 웰시와 던컨만 해도 미국에서 말라리아에 걸려 죽었다.

말라리아가 어디든 있을 수 있다는 증거 중 하나는 바로 우리나라다. 말라리아를 가리키는 병명이 과거부터 토박이말로도 또 한자어로도 있었다. 각각 고금과 학질瘧疾이다. 묘한 순환 논법이지만 어쨌든 학질의 학은 그 뜻이 학질이다.

혹시 학질이 단순히 중국에서 용어만 들어온 거고 질병이 실제로 우리나라에 없었던 건 아닐까? 그렇지 않다. 일례로 《조선왕조실록》을 찾아보면 학질이란 단어가 모두 스물아홉 번 나온다. 가장 먼저 나오는 때는 세종 2년인 1420년, 세종 이도가 자신의 친모인 원경왕후 민씨의 학질을 근심한 이야기다. 원경왕후는 그해 결국 향년 55세에 생을 마감했다.

우리말의 익은말 중 '학을 떼다'라는 게 있다. '괴롭거나 어려운 상황을 벗어나느라고 진땀을 빼거나 그것에 거의 질려버린다'를 뜻하는 말이다. 여기 나오는 학 역시 학질을 가리킨다. 학을 뗀다는 건 고열과 몸살을 심하게 앓다가 병에서 회복한 상태에 해당한다. '학을 떼다'는 나았다는 사실보단 한동안 진저리가 날 정도로 고생했다는 걸 강조할 때 쓰는 말이다.

학질, 즉 말라리아가 과거에 진저리의 대명사가 된 데는 세 가지 이유가 있었다. 첫째로, 병의 양상이 복잡했다. 말라리아의 전형적인 증상은 고열, 몸살, 구토, 두통 등이다. 증세가 심해지면 황달이나 발작을 거쳐 의식을 잃기도 한다. 사실 여기까지 특출한 점이 있지는 않다. 고열이나 몸살을 수반하는 병은 말라리아 말고도 많다.

말라리아가 징글징글한 건 나았나 싶다가도 재발한다는 점에 있었다. 열이 올랐다가 며칠만에 내려가서 이제 끝났구나 생각했는데 다시 열이 오르는 일이 반복되기 쉽다. 이러한 재발은 몇 년이 지난 후에도 일어날 수 있다. 앓는 환자와 돌보는 가족 입장에선 이처럼 반복적으로 재발하면 돌아버릴 지경이 된다.

둘째, 치료법이 마땅치 않았다. 말라리아^{malaria}라는 영어 단어는 중세 이탈리아어 말라 아리아$^{\text{mala aria}}$에서 왔다. 말라는 '나쁜', 아리아는 '공기'를 뜻한다. 오페라의 독창곡 '아리아' 역시 노래가 공기를 가득 채운다는 의미에서 붙은 이름이다. 즉 말라리아는 '나쁜 공기'라는 뜻이었다.

과거 서양인들은 전염병의 원인을 오염된 공기, 곧 미아스마에서 찾았다. 고대 그리스인들은 콜레라나 흑사병 같은 전염병이 생기는 게 미아스마 탓이라고 생각했다. 미아스마는 나쁜 공기의 유독한 형태를 가리키는 고대 그리스어였다. 이 이론을 대표한 인물이 바로 기원전 4세기의 히포크라테스였다.

미아스마를 병의 원인으로 지목하는 건 고대 그리스 시기로 끝나지 않았다. 19세기의 플로렌스 나이팅게일은 물리적인 접촉으로 병이 전염된다는 생각을 시인이나 할 짓으로 치부했다. 같은 시기에 활동한 영국의 공중 보건 혁신가 토마스 사우스우드 스미스도 나이팅게일처럼 미아스마 이론의 굳건한 지지자였다. 에딘버러대학 의학교를 졸업하고 런던열병병원에서 일하던 스미스는 제레미 벤담의 시체 해부를 직접 수행한 의사였다. 즉 이들은 당대의 권위 있는 의료인이었다.

심지어 19세기에 의사들은 비만의 원인으로 미아스마를 꼽았다. 뚱뚱해 지는 이유가 음식 냄새를 들이마시기 때문이라는 거였다. 이처럼 나쁜 공기가 병의 원인이라면 그런 공기가 퍼지기 전에 없애는 게 유일한 대책이었다. 이는 이미 병에 걸린 사람에겐 아무런 도움이 되지 않는 대책이기도 했다.

셋째, 치사율이 높았다. 병에 걸린 두 명 중 대략 한 명 꼴로 숨졌다. 신항로를 개척하던 15, 16세기라면 말라리아에 걸린 선원의 칠팔 할이 송장이 되었다는 기록도 있다. 14세기 유럽 인구의 3분의 1을 죽였다고 평가되는 페스트, 즉 흑사병의 치사율은 30에서 60퍼센트로 말라리아보다 낮았다. 그럼에도 말라리아가 흑사병처럼 치명적인 전염병으로 역사에 기록을 남기지 않은 건 바로 흑사병을 능가하는 치사율 때문이었다. 치사율이 너무 높아 병이 퍼지기도 전에 환자가 먼저 죽어버렸기 때문이었다.

말라리아는 신분을 가리지 않았다. 15세기 피렌체를 지배한 메디치 가문의 토스카나 대공 코시모 1세의 아들 가운데 첫째 프란체스코, 둘째 지오반니, 셋째 가르치아가 모두 말라리아로 세상을 떠났다. 고대 마케도니아의 알렉산드로스 대왕(알렉산드로스 3세), 16세기 신성로마제국 황제 카를 5세도 말라리아로 죽었다.

말라리아의 발병이 미아스마 때문이라는 생각은 19세기 후반 즈음에 버려졌다. 1854년 런던에 창궐한 콜레라의 원인이 특정한 상수도관에 있음을 증명한 존 스노우와 이후 세균의 존재를 확인한 루이 파스퇴르 및 로베르트 코흐의 공이었다.

미아스마 이론이 버려졌다고 해서 병으로서 말라리아의 치명적 성질이 사라지는 건 아니었다. 20세기 중반에도 말라리아에 걸려 죽는 일은 드물지 않았다. 일례로 1898년 토리노에서 태어난 이탈리아의 왕자 아메데오를 들 수 있다.

아메데오는 제2차 세계대전 때 이탈리아 왕이었던 비토리오 에마누엘레 3세의 조카다. 아메데오의 친할아버지는 약 2년간 에스파냐의 왕을 지낸 아메데오 1세로서, 아메데오 1세의 한 살 위 친형이 비토리오 에마누엘레 3세의 아빠인 이탈리아 왕 움베르토 1세였다.

전투기 조종사였던 아메데오는 1937년 이탈리아 동아프리카의 총독 겸 총사령관이 되었다. 1940년 6월 이탈리아가 영국과 프랑스를 상대로 전쟁을 선포하자 아메데오는 휘하의 이탈리아군을 지휘해 영국이 지배하던 수단, 케냐, 소말릴랜드를 침공했다. 영국군의 반격에 밀린 아메데오는 1941년 5월 에티오피아의 암바 알라기에서 항복해 케냐 나이로비에 있는 포로수용소에 갇혔다. 1942년 3월, 아마데오는 영국군의 총탄이 아닌, 말라리아에 걸려 숨졌다.

잉카 소년을 말라리아로부터 구한
열대 안데스의 토종 식물

사실 말라리아는 미아스마가 아니라 모기가 옮기는 병이다. 모기가 사람을 물 때 모기에 기생하던 말라리아 원충, 즉 단세포 기생충이 사람 몸으로 들어와 병이 생긴다. 말라리아를 일으키는 원충은 모두 다섯 종이다. 모기에 물린 뒤 증상이 나타날 때까지 보통 10일에서 한 달 정도의 잠복기가 있다.

원경왕후와 알렉산드로스 3세가 속절없이 쓰러진 것처럼 아시아와 유럽 사람들은 말라리아에 걸리면 낫기 위해 할 수 있는 일이 특별히 없었다. 그런데 모든 사람이 그런 안타까운 처지는 아니었다. 잉카인들은 할 수 있는 게 있었다. 바로 남아메리카에서 자라는 토종 식물의 껍질을 채취해 먹는 일이었다.

이와 관련해 잉카인들 사이에는 전설처럼 전해 내려오는 이야기가 있다. 한 소년이 말라리아에 걸렸다. 고열에 시달리던 소년은 열대 안데스산맥의 정글에서 길을 잃었다. 열병에 걸리면 오래 버티기 힘들다는 걸 소년도 어렴풋이 알고 있었다.

무성한 정글을 헤매던 소년은 나뭇가지에 발이 걸려 넘어질 뻔했다. 겨우 몸을 추스르고 보니 바로 옆에 물이 고여 있는 웅덩이가 있었다. 기운이 빠진 소년은 물웅덩이 옆에 누웠다. 온몸의 열로 바싹 말라버린 입술이라도 축이려는 생각이었다. 소년의 몸이 정상이었다면 하지 않았을 행동이었다. 흐르는 물은 몰라도 고인 물을 입에 대는 건 일반적으로 좋은 생각이 아니었다.

웅덩이의 물을 입으로 가져갔을 때 강한 쓴맛이 소년의 입안을 가득 채웠다. 소년은 즉시 그 이유를 깨달았다. 웅덩이의 물은 근방의 키나키나 껍질로 오염된 게 틀림없었다. 키나키나는 적도 주변의 열대 안데스에서 해발 1500미터 이상 높이에서만 자라는 나무였다. 껍질은 매우 쓴맛이 났다.

잉카인들은 쓰디쓴 맛을 지닌 키나키나에 독이 들었다고 생각했다. 그건 설탕의 단맛에 끌리는 일과 꼭 같은 진화의 산물이었다. 될 대로 되라는 심정이 된 소년은 쓴맛투성이의 물을 잔뜩 들이켰다. 어차피 죽을 거라면 지금 당장 참기 힘든 목마름이나 해소하자는 자포자기의 결과였다. 열병에 괴롭게 시달리느니 차라리 빨리 끝내고 싶다는 마음도 없지 않았다.

결과적으로, 소년은 죽지 않았다. 죽기는커녕 열이 내려갔다. 기운을 차린 소년은 마을로 돌아와 겪은 일을 전했고, 이후 잉카인들에게 말라리아는 두렵지 않은 병이 되었다. 말라리아 치료제를 인류 최초로 우연히 먹은 소년의 이름은 전해지지 않는다.

잉카인들 사이에서 공유되던 키나키나의 효과를 전해 들은 사람들이 있었다. 남아메리카에 와서 선교하던 가톨릭 사제들이었다. 가령 키나키나의 말라리아 치료 효과를 언급한 최초의 유럽 기록은 1638년 아우구스티노회의 수사인 안토니오 칼란차가 남겼다. 또 예수회 신부인 베르나베 코보는 1653년 '열병 나무'에 대해 글을 썼다.

남아메리카에서 예수회는 잉카인과 아메리카 원주민 사회 속으로 깊숙이 들어갔다. 예수회 신부들은 원주민을 노예로 삼는 동향 유럽인들의 인신매매에 반대했다. 엔니오 모리코네가 작곡한 '가브리엘의 오보에'로 유명한 영화 〈미션〉의 주인공, 가브리엘 신부가 바로 예수회 소속이었다. 그런 연유로 유럽에서 키나키나는 "예수회 나무껍질" 혹은 "예수회 가루"로 알려졌다. 키나키나를 먹는 방법이 나무껍질을 가루로 만들어 물에 타 먹는 거라서였다.

키나키나의 학명은 신코나^{Cinchona}[6]다. 키나키나에 학명

---

[6] '신초나'로 읽어도 무관하다.

을 붙인 사람은 생물의 분류 체계를 세운 스웨덴의 칼 린네다. 린네는 1742년에 신초나라는 이름을 키나키나에 지어 붙였다.

알고 보면 신코나라는 학명에는 두 가지 실수가 있다. 린네가 신초나라는 이름을 정한 데에는 이유가 있었다. 예수회 나무껍질이라는 이름 외에 키나키나는 유럽에서 친촌Chinchon 백작 부인의 치료제로도 유명했다. 린네는 이로부터 학명을 만들었다.

친촌은 에스파냐 수도 마드리드에서 남동쪽으로 약 50킬로미터 거리에 위치한 마을이다. 친촌 백작을 1520년에 최초로 봉한 사람은 말라리아로 죽은 신성로마제국 황제 카를 5세다. 카를 5세는 당시 에스파냐 왕을 겸했다. 4대 친촌 백작이었던 루이스 헤로니모 카브레라는 1629년부터 1639년까지 에스파냐의 페루 총독을 지냈다. 페루 총독은 에스파냐의 남아메리카 식민지 전체를 통할했다.

친촌 백작 부인과 키나키나의 관계는 1656년에 알려졌다. 예수회 추기경인 후안 루고의 주치의 세바스티아노 바도가 쓴 책 덕분이었다. 이탈리아 제노바 태생인 바도는 이탈리아어로 책을 썼다. 바도에 따르면, 1638년 카브레라의 부인이 말라리아에 걸리자 에콰도르의 한 지역을 담당했던 후안 카니자레스가 최근에 키나키나를 먹고 말리리아가 나았다는 소식을 전해 왔다. 그 후 카니자레스의 조언을 따른 끝에 완쾌한 카브레라의 부인이 1639년 다량의 키나키나를 갖고 에스파냐로 돌아왔다는 거였다.

　린네의 첫 번째 실수는 바도의 이야기가 사실과 부합하지 않는다는 점에 있다. 카브레라의 첫 번째 부인인 아나 오소리오는 카브레라가 페루 총독이 되기 3년 전에 이미 죽었고, 두 번째 부인인 프란치스카 리베라는 카브레라를 따라 페루로 갔지만 말라리아에 걸린 적이 없었다. 게다가 리베라는 카브레라와 함께 에스파냐로 귀환하는 항해 도중 콜롬비아에서 죽었다.

　두 번째 실수는 신코나의 철자에 있다. 린네는 친촌 백작 부인을 기리려 했지만 친촌의 철자에서 h 한 글자를 빠트렸다. 이유가 없진 않았다. 이탈리아어로는 c 하나만으로 친촌의 친과 똑같은 발음이 났다. 어쨌든 린네는 본의 아니게 백작 부인의 작호를 바꿔 버렸다.

　17세기부터 키나키나 가루는 비쌀지언정 유럽에서 구하려고 들면 구할 수 있는 물건이었다. 그럼에도 말라리아로 죽는 사람은 여러 가지 이유로 여전히 많았다. 가령 1658년 말라리아에 걸린 올리버 크롬웰은 키나키나를 거부한 끝에 죽었다. 청교도였던 크롬웰에게 예수회와 관련이 깊은 약을 먹는다는 건 참을 수 없는 일이었다.

유럽 왕권을 상징한
보라색 염료의 기원

키나키나가 예증하듯 자연은 인간에게 키다리 아저씨 같은 존재다. 무심한 듯하지만 인간이 필요로 하는 걸 이미 준비해 놓고 있다는 뜻이다. 그런 인간의 필요 중 하나가 색소다. 색소는 색깔을 내는 물질이다.

인간은 유사 이래 다양한 색소를 사용해 왔다. 일례로 붓글씨를 쓸 때 사용하는 먹을 들 수 있다. 먹과 세트를 이루는 벼루는 돌이지만 먹은 연한 검은색 돌을 깎아서 얻은 게 아니다. 먹은 송진이나 솔잎, 혹은 기름을 불에 태워 나오는 그을음을 아교와 섞은 후 굳혀서 만든 인공물이다.

먹은 붓글씨를 쓰는 데만 사용되진 않았다. 가령 염료로도 사용되었다. 염료란 옷감이나 천에 빛깔을 들이는 물질을 말한다. 먹물을 사용해 옷을 검정색으로 염색한 고대인 중엔 고구려인도 있다. 고구려 관직의 등급 혹은 무사 집단을 가리키는 말인 조의선인이 그 증거다. 조의선인의 조의皁衣는 '검은 옷'을 뜻하는 바, '조'라는 한자는 하인이라는 뜻 외에 검정 또는 검은 비단의 뜻도 있다.

그렇지만 색소의 대부분은 직접 자연에서 구했다. 다시 말해 색깔이 있는 생물에서 색소를 추출해 썼다는 뜻이다. 예를 들어, 기원전 1세기의 클레오파트라는 카르미르라는 빨간 색소로 만든 립스틱을 사용했다. 카르미르의 원재료는 케르메스 혹은 코치닐이라는 벌레다. 우리말로는 연지벌레나 깍지벌레라고 부른다.

자연에서 얻었던 염료 중 가장 유명한 건 아마도 인디고 indigo다. 인디고는 보통 인디고페라라고 불리는 관목의 잎에서 얻는다. 잎 자체는 녹색인데 그걸 물에 담가두거나 혹은 말려서 발효하면 오묘한 짙은 청색의 염료가 생긴다.

인디고 사용의 역사는 깊다. 이집트에서 발견된, 인디고로 염색된 섬유는 지금으로부터 약 4400년 전에 만들어졌다. 또 페루 후아카 프리에타에서 21세기 초 발굴된 인디고 면 헝겊은 이집트 인디고 유물보다 약 1500~2000년 앞선다. 구대륙과 신대륙 모두에서 인디고를 썼고, 전해지는 유물로는 신대륙이 앞선다는 사실이 이채롭다.

흥미롭게도 과거 우리나라에서도 인디고로 분류되는 염료를 얻었다. 인디고를 얻는 데 사용된 식물은 인디고페라가 아니라 쪽 Polygonum tinctorium이었다. 마디풀과 여뀌속에 속하는 쪽은 높이가 0.5미터 정도인 한해살이풀이다. 각각 석죽목과 콩목에 속하는 쪽과 인디고페라는 서로 거리가 있는 식물이다. 그럼에도 동일한 인디고를 얻을 수 있다는 사실이 색다르다.

인디고라는 이름은 그리스어 인디코스^{indikos}에서 유래했다. 짐작할 수 있듯이 그 뜻은 '인도의'다. 즉 인도의 감청색 염료 인디고는 이미 고대 그리스에도 알려졌다. 18세기에 영국 동인도회사의 지배가 확대되면서 인도에서는 쌀 대신 인디고페라 재배가 강요되었다. 인디고를 원하는 잠재 수요에 비해 이전까지 공급이 턱없이 모자라 때문에 큰돈을 벌 수 있었기 때문이었다.

염료 중 인디고는 그나마 구하기 쉬운 쪽에 속했다. 일례로, 자주색 염료는 인디고보다 더 귀했다. 그럴 만한 이유가 있었다. 자주색 염료는 지중해에 사는 특수한 몇 종류의 뿔고둥에서만 얻을 수 있었다. 그것도 뿔고둥 전체가 아니고 뿔고둥이 분비하는 점액을 가지고 만들었다. 들이는 수고에 비해 얻을 수 있는 염료가 극미량인 건 당연했다.

고대 그리스인들은 뿔고둥을 포르푸라^{porphura}라고 불렀다. 뿔고둥으로 만든 자주색 염료도 따라서 같은 이름으로 칭해졌다. 자주색을 뜻하는 영어 퍼플^{purple}은 포르푸라에 해당하는 라틴어 푸르푸라^{purpura}에서 유래했다.

포르푸라를 처음 만든 사람들은 기원전 16세기의 페니키아인이었다. 페니키아인은 로마가 강력해지기 전까지 지중해 세계를 지배했다. 페니키아라는 말 자체가 '포르푸라의 땅'을 뜻한다. 특히 포르푸라가 많이 만들어진 도시의 이름을 따 '티레 자주색'이라는 말도 사용됐다. 티레는 오늘날 레바논에 속한다.

포르푸라는 정확히 자주색만 나지는 않았다. 염료를 처리하는 방식 등에 따라 색깔이 보라색이 될 수도 있었다. 보라색을 가리키는 영어 바이올렛violet은 연보라색이 나는 제비꽃의 이름을 그대로 색깔 이름으로 가져다 쓴 거였다. 구하기 어렵다는 면으로는 보라색과 자주색은 우열을 가리기 어려울 정도로 막상막하였다.

그렇기에 포르푸라로만 구현이 가능한 자주색과 보라색은 서양에서 최고 권력을 나타내는 심벌로 자리매김했다. 가령, 고대 로마에서 개선 행진하는 장군, 그리고 집정관과 황제만이 전체를 자주색으로 물들이고 금실로 장식된 토가를 입을 수 있었다. 또 동로마 제국에서 황제의 자식으로 태어나는 걸 두고 "포르푸라의 색깔로 태어난"이라고 불렀다. 자주색은 교회에서 추기경과 주교의 권위를 상징하는 색이기도 했다.

1464년 가톨릭 교종 파올로 2세는 칙령을 내려 추기경의 자주색 의복 착용을 금지했다. 이유는 현실적인 어려움 때문이었다. 1453년 수도인 콘스탄티노플이 함락되면서 동로마 제국이 사라지자 자주색 염료를 구할 길이 막막해졌다.

그때부터 추기경들은 케르메스로 만드는 스칼렛 혹은 크림슨, 즉 진홍색 옷을 입기 시작했다. 동시에 대주교와 주교들은 카르미르와 인디고로 차례로 염색해 보라색을 흉내 낸 옷을 입었다. 그러나 그렇게 만든 보라색은 티레 포르푸라만큼 우아하지 않았다.

인도 식민 통치의
그림자 속에서 태어난 칵테일

다시 키나키나로 돌아와, 말라리아에 치료 효과가 있는 물질이 키나키나에 들었다는 건 분명했다. 유럽인이 키나키나를 알게 된 이래로 그 물질을 분리할 때까지 약 200년이 걸렸다. 그전까지는 키나키나 껍질을 말려 만든 가루를 물에 타 먹는 게 말라리아를 치료하는 유일한 방법이었다.

1820년 프랑스의 피에르조제프 펠르티에와 조제프 카방투는 처음으로 키닌quinine을 분리하는 데 성공했다. 펠르티에와 카방투는 공동으로 커피콩에서 키닌을 찾다가 1821년 우연히 카페인을 분리하기도 했다. 카페인을 최초로 분리한 건 1819년 독일의 프리들리프 룽게였지만 카페인이라는 말을 만든 건 펠르티에와 카방투였다.

연배가 있는 사람이라면 키닌은 낯설고 키니네라는 말

이 더 익숙하게 들린다. 두 용어는 같은 물질을 가리킨다. 펠르티에와 카방투가 처음으로 분리한 키닌은 곧 유럽의 다른 나라에도 알려졌다. 영국인들은 프랑스어 키닌의 철자를 그대로 가져다 퀴닌이라고 읽은 반면 네덜란드인들은 키나키나를 가리키던 네덜란드어 키나^{kina}를 가지고 키니네^{kinine}라는 말을 만들었다. 16세기 이래로 네덜란드와 교역했던 일본이 키니네라는 말을 배웠고 우리는 일제 강점기에 키니네를 접했다.

18세기 들어 인도에 대한 침략을 본격화한 영국은 한 가지 골칫거리가 있었다. 바로 인도 전역에 만연한 말라리아였다. 말라리아에 걸리면 연대 하나가 통째로 사라져 버리는 건 일도 아니었다. 영국군은 말라리아를 치료하는 키닌을 아예 예방약처럼 병사들에게 먹이려고 시도했다. 어차피 걸릴 거니까 미리 먹어서 안 될 게 없다는 생각이었다.

생각지 못한 다른 문제가 곧 불거졌다. 말라리아에 걸리지 않는다는 장점에도 불구하고 병사들은 날마다 섭취해야 하는 키닌을 거부했다. 여기에도 그럴 만한 이유가 있었다. 키닌은 끔찍하게 쓴맛이 났다. 아무리 몸에 좋다고 설명해도 소용이 없었다.

영국군은 꼼수를 썼다. 키닌을 쉽게 복용할 수 있도록 물에 탄 후 그 용액을 배급했다. 그리고 그걸 "토닉 워터$^{tonic\ water}$"라고 불렀다. 토닉^{tonic}은 '활력을 주는'을 뜻하는 단어였다. 말하자면 '강장제 혹은 정력제가 든 물'이라고 이름 지은 셈이었다. 현대의 마케팅을 연상케 하는 영국군 수뇌부의 꼼수는 거의 효과가 없었다. 병사들은 공허한 말에 불과한 토닉을 어떻게든 마시지 않으려고 했다.

돌파구는 언제나 그렇듯 현장의 하급 지휘관으로부터 나왔다. 영국 동인도회사 소속 부대에서는 토닉에 설탕과 라임즙, 그리고 탄산 가스를 넣었다. 맹물에 이산화탄소를 녹여 탄산수를 만드는 방법은 1767년 영국의 목사 조지프 프리스틀리가 이미 개발한 뒤였다. 달달한 맛과 톡 쏘는 탄산 가스 덕에 병사들의 저항이 조금 줄기는 했지만 그걸로는 역부족이었다.

도움의 손길은 영국군의 오랜 전통에서 비롯되었다. 1655년까지 영국 해군의 수병은 약 2리터의 맥주를 하루에 두 번씩 배급 받았다. 1655년에 맥주가 폐지되고 매일 약 300밀리리터의 럼^{rum}으로 대체되었다. 럼은 서인도 제도의 사탕수수 농장에서 기른 사탕수수로 만드는 술이다. 영국 해군에서 럼의 배급이 폐지된 건 1970년이었다.

영국 해군 병사가 럼에 절어 지냈다면 영국군 장교는 해군과 육군을 막론하고 진^{gin}에 취해 지냈다. 진은 증류로 얻은 알코올에 주니퍼베리의 향을 입힌 술이다. 18세기 전반기에 영국이 프랑스의 브랜디를 수입 금지하면서 값싼 진의 소비가 폭증했다. 당시 영국의 '진 대유행'은 엄마들이 진에 취해 아이들을 방치할 정도로 큰 사회 문제였다. 영국군 장교들은 진을 배급받았다.

1825년 최후의 한 방이 나왔다. 영국 동인도회사 소속 부대 장교가 토닉에다 자기가 배급받은 진을 섞어 병사들에게 먹인 거였다. 쓴맛이 나지만 마시고 나면 알딸딸해지는 새로운 토닉을 싫어하는 병사는 거의 없었다. 그렇게 '진 앤 드 토닉'이 탄생했다. 오늘날에도 슈퍼마켓에서 파는 토닉 워터에는 소량의 키닌이 여전히 들어 있다.

태평양 전쟁에서 미군의 열병 감염을
부채질한 일본의 방송

자연에서 직접 얻을 수 없는 염료를 화학의 힘을 빌려 개발하려는 사람들이 나타났다. 인공 염료 제조에 성공한다면 큰돈을 벌 건 누가 보더라도 분명했다.

피터 울프가 그중 한 명이었다. 1727년 아일랜드에서 태어난 울프는 프랑스의 화학자 기욤 프랑수와 루엘 밑에서 배웠다. 원래 약제상이었던 루엘은 울프 외에도 백과사전을 편집한 드니 디드로, 질량 보존의 법칙을 확인한 앙투안로랑 라부아지에, 일정 성분비 법칙을 증명한 조제프루이 프루스트 등 당대 최고의 지식인들을 제자로 두었다.

1771년, 울프는 인디고에 질산을 섞어 다른 색의 염료를 얻으려 했다. 인디고도 값비쌌지만, 만약 티레 포르푸라 같은 색을 얻을 수 있다면 부르는 게 값일 터였다. 그러나 결과물은 자주색이 아닌 노란색 염료였다. 서양에서 노란색은 황제의 색으로 대접받던 동양과 달리 부정적 의미가 강했다. 낙관이나 유머보다 겁쟁이, 질투, 배신, 경고를 연상시키는 경우가 많았기 때문에 울프의 노란 염료는 큰 활용을 얻지 못했다.

1841년 장 바티스트 두마는 울프의 노란 염료에 피크르산 picric acid이라는 이름을 붙였다. 피크르는 말은 '맛이 쓴'을 뜻하는 그리스어 피크로스 pikros에서 유래했다. 피크르산은 나중에 소독약으로 사용되었다. 피크르산의 궁극의 용처는 바로 폭약이었다. 피크르산은 나중에 멜리나이트나 리다이트 같은 포탄 작약의 주원료가 되었다.

1838년 영국인 목수의 일곱째 막내 아들로 태어난 윌리엄 퍼킨은 1853년 왕립화학학교에 들어갔다. 1856년 열여덟 살이 된 퍼킨은 봄의 부활절 방학 동안 키닌의 인공 합성을 시도했다. 당시 교장이던 아우구스트 빌헬름 호프만은 키닌 합성을 연구 중이었다.

인공 키닌을 합성하려는 이유는 두 가지였다. 첫째, 가격 문제였다. 키나키나 껍질에서 얻는 키닌의 양이 충분하지 않은 탓에 값이 비쌌다. 둘째, 전략적 대비였다. 만약 남아메리카와 교역할 수 없게 되면 키닌의 확보가 위태로워질 수 있었다. 전 세계 바다를 지배하던 영국이 걱정할 일은 아니었지만 호프만은 독일인이었다. 독일에서 태어나고 공부한 호프만은 1865년 독일로 돌아갔다.

퍼킨의 화학 지식은 아직 미미했다. 아는 게 별로 없던 퍼킨은 톨루이딘에서 탄소 원자 세 개와 수소 원자 네 개를 제거하고 산소를 더해 주면 키닌이 될 거라고 생각했다. 키닌의 정확한 구조는 1908년에야 알려졌다.

퍼킨의 첫 번째 시도는 그의 기대를 벗어났다. 키닌과 무관한 갈색의 화학 폐기물 같은 게 나타났기 때문이었다. 퍼킨은 톨루이딘보다 단순한 아닐린을 써 보자는 생각을 했다. 실험에 미숙한 탓에 퍼킨이 새로 준비한 아닐린에는 소량의 톨루이딘도 섞여 있었다.

화학 반응 후 퍼킨이 얻은 물질은 아까보다 더 가망이 없어 보였다. 마법이 아니고선 눈앞의 검은 덩어리에서 키닌이 튀어나올 리 없었다. "망쳤구나" 하고 생각한 퍼킨은 검은 덩어리를 치우려 했다.

플라스크를 원래대로 깨끗하게 만들려고 알코올로 씻자 이상한 일이 벌어졌다. 퍼킨의 손을 비롯해 용액이 닿은 모든 게 연보라색으로 물들었다. 퍼킨이 만든 건 키닌이 아니라 최초의 인공 염료였다. 실수로 들어간 톨루이딘이 없었다면 일어나지 않았을 화학 반응의 결과였다.

퍼킨은 티레 포르푸라를 대신할 수 있는 자신의 검은 덩어리를 모버린^{mauverin}이라고 이름지었다. 모버린은 보라색이 나는 꽃 아욱을 뜻하는 프랑스어 모브^{mauve}를 가지고 만든 말이었다. 퍼킨은 호프만을 빼고 자신의 이름으로 모버린의 특허를 얻었다. 그 결과 퍼킨은 평생 막대한 재산을 얻었다. 호프만의 막대한 질시는 덤이었다.

합성 키닌을 만들려는 노력은 퍼킨의 실패 이후에도 계속됐다. 호프만의 미래를 내다본 혜안은 유효했다. 1914년 제1차 세계대전이 시작되자 영국은 독일로 오가는 모든 물자의 운송을 봉쇄했다. 40만 명 이상이 실제로 굶주림과 질병으로 숨지는 와중에 키닌 또한 독일이 가질 수 없는 그림의 떡이 되었다.

1931년 독일의 바이엘은 퀴나크린이라는 물질을 합성했다. 당시는 아직 아돌프 히틀러가 독일 총리가 되기 2년 전이었다. 퀴나크린은 키닌과 똑같진 않았지만 말라리아 치료 효과를 보였다. 해열제 아스피린을 1899년에 개발한 바이엘은 알고 보면 원래 염료 회사였다. 퍼킨의 실수 이후 7년 뒤인 1863년에 생긴 회사 바이엘의 두 공동 창업자인 프리드리히 바이에르와 프리드리히 베스코트는 각각 염료 영업 사원과 염료 기술자였다.

미국이 제2차 세계대전에 뛰어들면서 키닌의 확보는 미군에게도 중요한 이슈가 되었다. 특히 남태평양의 섬들은 말라리아를 피할 길이 없었다. 게다가 지역 내에서 키나키나를 얻을 수 있는 자바와 수마트라 등은 일본군이 점령하고 있었다. 당시 미군의 말라리아 치료제는 퀴나크린이었다. 바이엘의 미국 내 자회사인 윈스롭이 퀴나크린을 생산해 아타브린이라는 이름으로 팔았다.

라디오 도쿄는 당시 일본의 대미 선전 라디오 방송이었

다. 미군은 유창한 영어를 구사하는 라디오 도쿄의 여자 아나운서들을 가리켜 '도쿄 장미'라고 불렀다. 도쿄 장미는 배급받은 노란색 알약을 먹으면 "얼굴이 노래지고, 발기 부전에 빠진다"고 미군에게 속삭였다. 후자는 사실이 아니었지만 전자는 사실이었다. 미군 병사들은 인도를 침략하던 영국군 병사들이 키닌을 거부했던 것처럼 아타브린을 거부했다. 그 결과 1942년 뉴기니에 상륙한 미군의 95퍼센트가 2주 내에 말라리아에 걸렸다.

1942년 북아프리카에 상륙한 미군은 곧 튀니지의 이탈리아군과 전투를 벌이기 시작했다. 포로로 잡힌 이탈리아군 병사의 몸에서 하얀색 알약이 발견됐다. 확인해 보니 하얀색 알약은 바이엘의 한스 안데르사그가 1936년에 개발한 존토킨 Sontochin이었다. 존토킨은 안데르사그가 1934년에 개발한 클로로퀸 chloroquine이라는 물질을 아주 살짝 바꾼 물질이었다. 이탈리아군의 존토킨은 동맹국인 독일이 준 거였다.

미군은 자신에게 없는 약을 이탈리아군이 가지고 있다는 게 거슬렸다. 대외적으로 독일군이 치료 효과가 더 뛰어난 퀴나크린은 자신이 쓰고 치료 효과가 떨어지는 존토킨을 이탈리아군에 줬다는 식으로 홍보했다. 병사들에게 줄 게 퀴나크린 밖에 없던 미군의 궁여지책이었다. 사실은 독일군도 이탈리아군과 마찬가지로 존토킨 혹은 클로로퀸을 먹었다. 미군은 시험 후 클로로퀸의 말라리아 치료 효과가 퀴나크린의 열 배고 동시에 부작용도 적다고 내부적으로 결론 내렸다.

　북아프리카가 아닌 동아프리카에서 있었던 이탈리아의 왕자 아메데오는 그런 면으로 운이 없었다. 왜냐하면 동아프리카 전역의 이탈리아군은 독일군과 함께 싸운 적이 없기 때문이었다. 아메데오가 북아프리카의 이탈리아군처럼 존토킨을 먹을 수 있었다면 말라리아로 죽지 않을 수 있었다.

◆ 제6장 ◆

연합국의 전쟁 수행에 요긴했던 물질은 이후 무엇이 되었나?

  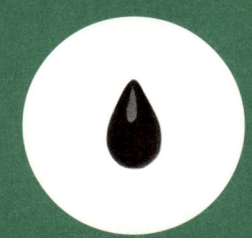

전신의 확산과 골프공 혁신을 이끈
영국 의무 장교

1장에서 대수롭지 않은 듯 언급하고 지나갔지만, 사실 전신에서 전기 절연은 간단한 문제가 아니었다. 전기 절연은 두 가지 측면에서 필요했다.

우선 전기가 통하는 전신선이 끝단에서 다른 전기 도체와 닿으면 곤란했다. 다른 전도체와 분리돼 있지 않으면 정상적으로 전기 신호를 보낼 수가 없었다. 또 연결된 전신선의 무게를 견딜 정도의 기계적 강도도 있어야 했다. 그걸 담당하는 물건을 가리켜 절연체, 애자 또는 뚱딴지라고 부른다. 초기의 절연체는 대개 유리로 만들었다. 새뮤얼 모스가 1844년에 설치한 전신선의 절연체는 평평한 나무판이었다.

그다음으로는 전신선 자체의 표면을 전기가 통하지 않는 물질로 감싸야 했다. 전신선이 노출되어 있으면 무언가가 닿을 때 전기 신호가 제대로 전달되지 않았다. 1838년 영국에 설치된 최초 전신선은 석탄 타르를 증류하고 남은 찌꺼기, 즉 아스팔트를 바른 털실을 감아 만든 것이었다.

사실 전기 전도성이 나쁜, 달리 말해 절연재로 적합한 또 다른 물질이 있었다. 바로 4장에 나왔던 고무였다. 실제로 영국의 초기 전신선은 석탄 타르를 칠한 고무도 피복으로 썼다. 고무의 전기 절연 성능 자체는 흠잡을 데가 없었다.

고무엔 다른 문제가 있었다. 바로 온도에 민감하다는 점이었다. 열을 받으면 흐물흐물해져 전신선이 노출될 위험이 있었다. 또 낮은 온도에서는 표면이 딱딱해져 갈라지거나 부서졌다. 이 점은 특히 해저 전신선을 깔 때 큰 골칫거리였다.

1797년 스코틀랜드에서 태어난 윌리엄 몽고메리는 1818년 의무 장교로 영국 동인도회사 벵갈군에 입대했다. 1819년 대위와 동급인 부외과의였던 몽고메리는 벵갈 원주민보병 20연대 2대대와 함께 싱가포르에 배치되면서 소령과 동급인 외과의 대행으로 진급했다. 당시 싱가포르에 주둔하던 전체 영국군 중 몽고메리의 상급자는 한 명뿐이었다.

군의관이었지만 몽고메리의 마음과 영혼은 다른 데 있었다. 바로 식물이었다. 좀 더 엄밀하게 말하자면 작물을 길러 돈 벌 궁리를 했다. 몽고메리는 싱가포르의 탄종파가에 0.13제곱킬로미터의 땅을 사서 농장으로 만들었다. 몽고메리가 처음에 길렀던 작물은 사탕수수였다. 몽고메리의 사탕수수 농사는 그러나 이익이 남지 않았다. 1827년 영국군은 몽고메리를 벵갈로 소환했다.

1835년 몽고메리는 다시 싱가포르에 배치됐다. 몽고메리의 마음은 여전히 콩밭에 가 있었다. 사탕수수로 재미를 보지 못했던 몽고메리는 말레이시아의 페낭에서 육두구 씨앗을 구해 와 자신의 농장에 심었다. 대표적인 향신료 중 하나인 메이스가 바로 육두구 열매껍질을 말린 가루였다. 1842년 몽고메리는 약간의 육두구와 메이스를 런던으로 보냈다.

같은 해 한 말레이시아 원주민이 몽고메리에게 자신의 칼을 보여줬다. 밀림을 헤치고 나가거나 요리할 때 혹은 호신용으로 쓰기도 하는 칼인 마체테를 말레이시아에선 파랑이라고 불렀다. 몽고메리가 관심을 가졌던 건 파랑의 날카로움이 아니었다. 그보다는 파랑의 손잡이 부분이었다.

파랑의 손잡이는 손에 착 달라붙는 재질이었다. 그건 근방에 있는 나무의 수액을 굳힌 거였다. 말레이시아 원주민들은 손잡이 물질 자체와 그 수액을 얻을 수 있는 나무를 가리켜 공히 게타펠차라고 불렀다. 몽고메리는 게타펠차를 거터펄처gutta-percha[7]로 옮겼다.

비옷인 매킨토시를 모르지 않았던 몽고메리가 보기에

---

[7] 국립국어원의 표기는 구타페르카다.

구타페르카는 일종의 고무였다. 몽고메리는 구타페르카를 간단히 실험해 봤다. 구타페르카에 열을 가하면 물렁해지는 건 고무와 비슷했다. 반면 차갑게 만들었을 땐 고무처럼 바스러지지 않았다. 몽고메리는 구타페르카를 쓰면 좋을 데를 알았다. 그건 바로 수술할 때 쓰는 메스의 손잡이였다.

몽고메리의 보고를 받은 인도 캘커타 본부의 군의관은 좋은 생각인 것 같다며 구타페르카의 샘플을 보내라고 지시했다. 몽고메리는 1년 전 육두구와 메이스를 보냈을 때 런던의 관련 왕립학회가 금메달을 줬던 걸 떠올렸다. 상관의 지시에 고무된 몽고메리는 1843년 구타페르카 샘플을 런던에도 보냈다.

몽고메리는 구타페르카의 다른 용도도 생각한 게 있었다. 바로 치아에 난 구멍을 메꾸는 용도였다. 오늘날 치과 의사들은 구타페르카는 몰라도 "거터퍼쳐"는 안다. 신경 치료로 생긴 치아의 공간을 메우는 충전재로 날마다 쓰기 때문이다.

런던으로 보내진 샘플에 큰 관심을 보인 이는 마이클 패러데이였다. 초등학교 교육밖에 받지 못했지만, 그는 전자기 유도 법칙을 세우고, 벤젠을 발견·분리한 거장이었다. 1843년 패러데이는 구타페르카가 탁월한 전기 절연체임을 실험으로 입증했다.

몽고메리보다 열아홉 살 어린 에른스트 베르너 지멘스는 1816년 독일 하노버에서 태어났다. 지멘스의 원래 꿈은 바우아카데미에 들어가 건축가가 되는 거였다. 집이 가난해 바우아카데미의 학비를 감당할 수 없었던 지멘스는 하는 수 없이 프로이센포병공병학교에 들어갔다. 3년 과정을 무사히 마친 지멘스는 1834년 프로이센군 3포병여단에 소위로 배치됐다.

지멘스의 장교 생활은 1849년까지 이어졌다. 전역할 때까지 진급을 못했던 지멘스는 당시 프로이센군 관습대로 전역과 동시에 중위가 됐다. 즉 그건 그렇게 성공적인 군 경력이라고 보기는 어려웠다. 1842년 베를린의 포 공장에 배속된 지멘스는 상관들에게 "군사적 재능은 거의 없다"는 평가를 받았다.

1846년 전신에 관심이 생긴 지멘스는 전신기를 만들었다. 보내는 사람이 원판에 그려져 있는 알파벳 중 하나를 회전하는 바늘로 가리키게 하면 받는 사람의 전신기 바늘도 자동으로 같은 글자를 가리키게 되는 지멘스의 전신기는 모스의 전신기보다 첨단이었다. 1847년 지멘스는 자신의 전신기에 대한 독일 특허를 받고 전신선을 설치하는 회사도 세웠다.

1848년 덴마크의 영향 아래 있던 슐레스비히와 홀슈타인 공국을 놓고 독일 연맹과 덴마크 사이에 1차 슐레스비히 전쟁이 벌어졌다. 지멘스는 슐레스비히와 홀슈타인의 중심 도시인 킬의 항구에 독일 최초의 기뢰를 만들어 부설했다. 덴마크 함대의 항구 점령을 막기 위해서였다.

전쟁은 4년 후인 1852년에 결국 덴마크의 승리로 끝났지만 프로이센군은 킬에 배치됐던 지멘스를 개전 3개월 만에 베를린으로 불러들였다. 더 긴급한 일이 있었기 때문이었다. 바로 베를린과 프랑크푸르트 사이에 전신선을 땅 밑으로 가설하는 일이었다. 프로이센 최초의 전신선은 1846년 베를린과 포츠담 사이에 가설됐지만 거리는 30킬로미터 정도에 불과했다. 반면 베를린과 프랑크푸르트 사이의 거리는 약 500킬로미터였다.

영국에 있던 친형에게 구타페르카의 절연 성능을 전해 들은 지멘스는 베를린-프랑크푸르트 전신선을 구타페르카로 절연했다. 1849년에 공식 작동을 시작한 베를린-프랑크푸르트 전신선의 신뢰성은 높았다. 이후 영국 해협과 대서양을 건너 가설된 해저 전신선은 모두 구타페르카로 절연됐다. 오늘날 독일을 대표하는 전기 회사 지멘스의 창업자가 바로 에른스트 베르터 지멘스였다.

구타페르카에는 다른 용도가 더 있었다. 바로 골프공이었다. 15세기 스코틀랜드에서 시작된 골프는 처음에는 나무로 만든 공을 썼다. 17세기부터는 닭이나 거위의 깃털로 속을 채우고 바깥을 가죽으로 꿰맨 공을 쓰기 시작했다. 구타페르카로 골프공을 만든 최초의 사례는 1848년 스코틀랜드의 세인트앤드류스대학을 다니던 로버트 애덤스 패터슨이었다. 그는 나중에 목사가 되었다.

작은 문제 해결하려다
더 큰 문제를 키운 두 명의 미국인

찰스 케터링은 1876년 미국 오하이오에서 태어났다. 눈이 나빴던 케터링은 고등학교만 마친 후 친누나가 교사로 있던 벙커힐 초등학교의 교사가 되었다. 공부를 더 하고 싶었던 케터링은 고등학교를 졸업하고 1896년 우스터대학에 들어갔다. 1866년 오하이오에 세워진 우스터대학의 졸업자 중엔 1927년 노벨 물리학상을 받은 아서 컴튼이 있다. 컴튼은 프린스턴대학에서 석사와 박사학위를 받았다.

우스터대학에서 케터링의 시간은 길지 않았다. 눈이 더 나빠진 케터링은 몇 달 만에 자퇴하고 벙커힐 초등학교로 돌아갔다. 학업에 대한 열망은 그럼에도 그대로였다. 1898년 케터링은 오하이오주립대학에 입학했다. 케터링의 나쁜 눈도 그대로였다. 이후 몇 달 만에 자퇴한 케터링은 전화선을 놓는 일로 2년간 생계를 꾸렸다.

1900년 케터링은 재차 오하이오주립대학에 들어갔다. 복학이 아닌 새로운 입학이었다. 그동안 눈 건강 관리법을 배웠는지 케터링은 4년 후인 1904년 무사히 졸업했다. 전기 공학 학사인 케터링은 이후 금전 출납기 회사를 거쳐 1909년 자동차 부품 회사인 델코Delco를 세웠다. 1911년에 개발된 델코의 전기 시동 장치는 헨리 릴런드의 캐딜락에 채택되면서 날개를 달았다.

1912년부터 케터링의 주된 관심사는 릴런드가 의뢰한 휘발유 엔진의 노킹knocking, 즉 이상 폭발이었다. 노킹이 있으면 엔진의 과도한 진동과 소음으로 탑승자가 불편했다. 몇 년간 해결책을 찾지 못한 케터링은 1916년 자신과 같은 오하이오 태생으로 코넬대학을 5년 전에 졸업한 토머스 미즐리에게 과제를 맡겼다.

전기 공학사인 케터링과 기계 공학사인 미즐리는 휘발유가 짙은 빨간색이라면 연소 시의 복사 에너지를 더 빨리 흡수해 신속하게 기화됨으로써 노킹이 없어질 거라고 생각했다. 메이플라워라는 식물이 붉은 잎사귀 때문에 봄에 꽃을 피운다는 난센스를 유추한 결과였다. 한마디로 말도 안 되는 망상이었다.

어쨌든 1916년 12월 미즐리는 휘발유를 빨갛게 물들일 염료를 구하려고 화학 실험실로 갔다. 적색 염료를 찾지 못한 미즐리는 꿩 대신 닭의 심정으로 요오드를 집었다. 요오드 자체는 진한 보라색이 나는 고체지만 휘발유에 녹이면 휘발유를 붉게 만든다. 케터링과 미즐리의 기대대로 붉은 휘발유를 연료로 쓴 엔진은 노킹이 일어나지 않았다.

케터링과 미즐리가 아주 바보는 아니었다. 후속 실험에서 그들은 연료의 색깔과 노킹 발생은 아무 관련이 없음을 깨달았다. 좌우지간 케터링과 미즐리는 휘발유에 뭔가를 넣으면 노킹 예방에 도움이 된다는 사실을 알게 됐다. 이들은 1917년 캐딜락을 그만둔 릴런드가 링컨 모터를 세우고 1918년 델코가 윌리엄 듀랜트의 제너럴모터스에 인수된 뒤에도 노킹에 매달렸다.

1921년 미즐리는 휘발유에 새로운 물질을 첨가해 봤다. 에틸기 네 개와 납 원자 한 개가 결합한 사에틸납이었다. 사에틸납이 첨가된 휘발유의 노킹 방지 성능은 환상적이었다. 케터링과 미즐리는 휘발유에 대한 사에틸납 첨가의 사용 특허를 얻었다. 1923년 제너럴모터스와 뉴저지 스탠더드오일은 5대5 합자로 사에틸납을 생산하는 회사 에틸을 세웠다. 회사 에틸의 초대 대표가 바로 케터링이었다.

유연 휘발유는 노킹 문제를 해결했지만, 곧 납 중독이라는 재앙을 불러왔다. 1924년 말까지 델코, 듀폰, 에틸 공장에서 일하던 사람 가운데 여럿이 사망했다. 미즐리 자신도 납 중독으로 쓰러졌다. 그럼에도 케터링, 미즐리, 제너럴모터스는 "유연 휘발유가 안전하다"고 강변했다.

사실 케터링과 미즐리는 사에틸납에 비견되는 노킹 방

지 물질도 알고 있었다. 바로 에탄올, 즉 술의 주성분인 에틸 알코올이었다. 사에틸납의 상품명을 에틸로 정한 이유도 에틸 알코올이 연상되게 하려는 의도 때문이었다. 케터링이 에탄올 대신 사에틸납을 노킹 방지재로 택한 이유는 에탄올을 섞는 건 특허를 받을 수 없어서였다. 한국에서 유연 휘발유의 판매는 1993년에 금지됐다.

 1928년 케터링은 다른 문제에 관심을 가지기 시작했다. 냉장고의 작동에 필수인 냉매였다. 냉매의 원리를 최초로 확인한 사람은 앞에 나왔던 마이클 패러데이였다. 스물아홉 살 1820년 패러데이는 기체 상태의 암모니아에 압력을 가해 액체로 만든 후 증발하게 두면 주변의 공기를 차갑게 만드는 걸 관찰했다. 디젤 엔진을 만든 루돌프 디젤의 멘토였던 칼 폰 린데는 각각 디메틸에테르와 암모니아를 냉매로 쓰는 냉장고를 만들었다.

 케터링은 당시 냉매로 사용되던 암모니아나 이산화황을 대신할 새로운 물질을 찾고자 했다. 암모니아와 이산화황은 둘 다 독성이 있고 또 냄새가 지독했다. 미즐리는 불소와 염소가 탄소와 결합된 염화불화탄소를 합성해 시험했다. 핵심은 그 물질에 독성이 있느냐였다.

 염화불화탄소를 합성하기 위해 미즐리는 삼불화안티몬을 다섯 병 주문했다. 그중 하나를 무작위하게 골라 염화불화탄소를 만들고 기니피그에게 실험한 결과 아무런 독성이 발견되지 않았다. 냉매로서 염화불화탄소의 기본 성능은 환상적이었다.

미즐리는 실험을 거기서 멈추지 않았다. 혹시라도 모를 불순물의 존재를 확인하기 위해 남은 네 병의 삼불화안티몬으로도 염화불화탄소를 합성해 봤다. 놀랍게도 이번에는 기니피그가 모조리 죽었다.

조사 결과 첫 번째를 제외한 나머지 네 병엔 소량의 물이 포함돼 있었다. 물이 있으면 염화불화탄소가 아니라 포스겐이 합성되는 탓이었다. 포스겐은 제1차 세계대전 때 사용된 독가스의 하나였다. 달리 말해, 미즐리가 다른 병으로 처음에 실험했다면 염화불화탄소에 독성이 있다는 그른 결론을 내리고 다른 냉매 물질을 찾았을 터였다.

결국 듀폰은 제너럴모터스의 요청으로 염화불화탄소를 담당하는 사업부를 만들었다. 염화불화탄소는 듀폰에 의해 프레온이라는 또 다른 이름을 얻었다. 이후 프레온은 전 세계에서 냉매로 사용됐다. 2000년대 이후 프레온은 지구 성층권의 오존층을 파괴하는 주범으로 밝혀졌다. 한국에서 프레온의 사용은 2010년에 금지됐다.

냉매는 어떻게 원폭 제조의
필수 물질이 되었는가

듀폰의 프레온 사업부는 1936년 갓 박사학위를 받은 한 사람을 채용했다. 1910년 오하이오에서 태어난 로이 플런킷이었다. 플런킷은 맨체스터대학을 졸업하고 오하이오주립대학에서 화학으로 박사 학위를 받았다. 플런킷이 나온 맨체스터대학은 영국이 아닌 미국 인디애나에 위치한 학교로 1974년 노벨 화학상을 단독으로 받은 존 플로리의 모교기도 했다.

1938년 플런킷은 새로운 냉매 후보 물질로서 사불화에틸렌을 합성했다. 그게 염화불화탄소처럼 독성이 없는지를 확인하려는 목적이었다. 무독성이 확인되면 그다음으로 냉매로서 성질을 확인할 생각이었다.

막 합성한 기체를 확인하려고 원통형 용기의 밸브를

연 플런킷은 어리둥절했다. 새로 합성됐을 기체가 사라졌기 때문이었다. 플런킷과 실험실 기사 잭 레벅은 상황이 이해가 안 돼 서로를 멍하니 바라봤다. 측정된 원통형 용기의 무게는 새로 합성된 물질이 거기 그대로 있음을 나타내고 있었다.

다른 후보 물질로 실험을 계속하는 대신 플런킷은 원통형 용기를 톱으로 잘라 안을 볼 생각을 했다. 그 안에는 기체 대신 미끌미끌한 하얀 가루가 들어 있었다. 화학 박사로서 플런킷은 무슨 일이 벌어졌는지 즉시 깨달았다. 사불화에틸렌 기체 분자가 서로 반응해 고체인 중합체, 즉 폴리머가 된 거였다. 이런 화학 반응이 가능하다는 사실은 당시까지 알려져 있지 않았다.

플런킷과 듀폰은 폴리머인 사불화에틸렌, 즉 사불화에틸렌수지의 성질을 시험해 봤다. 가장 큰 특징은 강력한 불활성이었다. 불활성이란 다른 물질과 화학 반응을 쉽사리 일으키지 않는 성질이다. 사불화에틸렌수지는 강한 산성이나 염기성 물질과 반응하지 않고 아세톤이나 에테르 같은 용매에도 녹지 않으며 웬만큼 열을 가해도 변화가 없었다. 불활성 물질의 대표격인, 석영이라고도 불리는 이산화규소보다도 더 둔감했다. 모래의 주성분이 바로 이산화규소다.

사불화에틸렌수지에는 또 다른 희한한 성질이 있었다. 극단적으로 미끈거린다는 거였다. 사불화에틸렌수지의 이러한 미끄러운 성질은 이산화규소와 구별되는 특성이었다.

사불화에틸렌수지는 이산화규소와 구별되는 특징이 하나 더 있었다. 바로 합성하는 데 많은 돈이 든다는 점이었다. 플런킷과 듀폰은 어쨌든 3년 뒤인 1941년에 사불화에틸렌수지의 특허를 얻었다. 하지만 이걸 쓸 데는 도무지 없었다.

1896년 레슬리 그로브스는 미국 육군 군종 목사의 아들로 태어났다. 1918년 미국 육군사관학교인 웨스트포인트를 졸업한 그로브스는 미국 육군 공병단에 배치됐다. 이런저런 임무를 거쳐 1940년 7월, 그로브스는 소령으로 진급했다.

이후 그로브스의 삶은 빠른 속도로 흘러갔다. 미국 육군 병참단의 건설 사단에 배속된 후인 1940년 11월에 중령을 건너뛰고 대령으로, 원자 폭탄을 제조하는 맨해튼 프로젝트의 두 번째 지휘관이 된 1942년 9월에 준장으로, 맨해튼 프로젝트가 한창 진행 중인 1944년 3월에 소장으로 진급했다. 1942년 6월에 공식 결성된 맨해튼 프로젝트의 첫 번째 지휘관은 대령 제임스 마샬이었지만 프로젝트의 진도가 느린 탓에 3개월 만에 그로브스로 교체된 거였다.

1943년, 그로브스의 가장 큰 고민거리는 원자 폭탄이 될 우라늄-235를 농축하는 공장을 짓는 거였다. 자연 상태로 채굴되는 우라늄 원광의 99.2퍼센트는 핵분열을 하지 않는 우라늄-238이었다. 즉 원자 폭탄을 만들려면 우라늄-238을 배제한 순수한 우라늄-235만 걸러낼 필요가 있었다.

우라늄-235를 농축하는 과정은 다음과 같았다. 일단 광산에서 캔 우라늄 원광을 잘게 부순 뒤 화학 처리 하면 산화우라늄이 나왔다. 그다음으로 산화우라늄을 불소와 반응하게 만들면 육불화우라늄이 생성됐다. 육불화우라늄은 우라늄 원자 한 개에 불소 원자 여섯 개가 결합한 물질이다. 육불화우라늄을 가열해 기체로 만든 후 기체 확산 등을 통해 우라늄-235를 농축한다는 게 기본적인 계획이었다.

문제는 육불화우라늄의 성질이었다. 반응성이 강한 불소 원자가 잔뜩 붙어 있어서 금속을 포함한 웬만한 물질을 쉽게 부식시켰다. 게다가 육불화우라늄 기체를 호흡하면 사람의 콩팥, 간, 허파 등이 망가졌다.

또 육불화우라늄 기체가 공기 중 습기에 노출되면 불화수소가 생겼다. 불화수소 역시 막강한 독성과 부식성을 띠는 기체였다. 가령 불화수소는 유리도 녹였다. 그 말은 곧 육불화우라늄의 저장, 이송 및 농축이 현실적으로 쉽지 않다는 뜻이었다.

육불화우라늄 문제로 끙끙거리던 그로브스는 우연히 듀폰의 지인으로부터 사불화에틸렌수지 이야기를 듣게 됐다. 듀폰 직원은 사불화에틸렌수지를 "부식이 뭔지 모르는 플라스틱"으로 설명했다. 자신의 설명에 흥분한 그로브스를 듀폰 직원은 가라앉히려 했다. 가격이 심하게 비싸다는 거였다. 그로브스는 대답했다.

"내 프로젝트에서 비용은 아무 문제가 되지 않아."

듀폰은 육불화우라늄을 담아 두고 농축할 장치의 개스

킷과 밸브를 사불화에틸렌수지로 제작했다. 개스킷은 이음매나 부품 접합부를 메우는 얇은 판 모양의 패킹이다. 동시에 이 물질은 '테플론'이라는 상품명을 얻었다. 플런킷의 사불화에틸렌 실험이 없었다면 원자 폭탄의 제조는 1945년까지 완료되지 못했을 수도 있다. 테플론의 존재는 당시 극비였다.

오늘날 테플론을 들어 본 사람은 원자 폭탄 때문은 아니다. 열 명 중 아홉은 1960년대부터 출시된 "눌어붙지 않는 프라이팬의 코팅재" 덕분이다. 테팔이라는 프라이팬 브랜드명은 테플론과 알루미늄을 합쳐 만든 말이다.

테플론은 의료에서도 폭넓게 활용된다. 좀처럼 다른 물질과 반응하지 않는 데다가 인체가 거의 거부 반응을 보이지 않는 덕에 인공혈관이나 스텐트의 소재로 사용된다. 또 치과에서 임플란트를 시술할 때 테플론으로 만든 테이프로 안쪽의 구멍을 채운다.

윤활제로도 사용되는 테플론은 또 다른 유명 제품의 원료다. 바로 방수가 되면서도 안쪽의 습기는 바깥으로 배출되는 섬유, 즉 고어텍스다. 테플론을 가열한 후 길게 늘이면 미세한 구멍이 잔뜩 생기는데 그게 고어텍스 원단이다. 고어텍스 원단의 미세한 구멍은 물방울이 통과하기엔 작지만 땀이 증발한 수증기는 빠져나갈 수 있을 정도로 크다.

뜻밖의 발명이 없었다면
불가능했을 영국의 본토 항공전

마이클 페린은 1905년 캐나다 브리티시컬럼비아에서 태어났다. 여섯 살 때 부모와 함께 영국으로 이주한 그는 1928년 옥스퍼드대학 뉴칼리지를 화학 전공으로 졸업했다. 이후 토론토대학에서 물리학 석사 학위를 받은 뒤, 영국의 제국화학산업에 취직했다. 제국화학산업은 1926년 노벨폭약, 브리티시염료, 유나이티드알칼리, 브러너몬드 네 회사가 합병해 탄생한 기업이었다.

1932년 페린은 존 스왈로우와 함께 극도의 고압에서 물질들의 화학 반응을 시험해야 한다는 보고서를 제출했다. 페린보다 세 살 많은 스왈로우는 런던대학 동런던칼리지를 졸업한 인물이었다. 듀폰 일가의 일원이었던 아내 아이린 덕분에 그는 듀폰에서 유사한 시도가 진행 중이라는 사실을 알 수 있었다. 그러나 1932년부터 1933년 초까지 제국화학산업이 50차례나 반복한 실험에서 흥미로운 결과는 나오지 않았다. 말하자면 실패였다.

그러다 1933년 3월 23일, 제국화학산업의 레지널드 깁슨과 에릭 포셋이 섭씨 170도, 1400기압 조건에서 에틸렌과 벤즈알데히드를 반응시키는 과정에서 뜻밖의 결과가 나타났다. 반응 용기의 내벽이 하얀색 미끄러운 물질로 덮여 있었다. 분석 결과, 그건 에틸렌의 중합체, 즉 폴리에틸렌이었다. 하지만 이 실험은 재현되지 못했다. 깁슨과 포셋이 다시 시도했지만 같은 결과를 얻는 데 실패했다.

1935년 12월, 페린은 더 정밀하게 제작된 실험 장치로 다시 폴리에틸렌을 합성했다. 반응 용기 내부의 온도가 섭씨 180도까지 올라가자 용기 내 압력이 급락했다. 그 결과 추가 에틸렌이 반응 용기로 주입됐다. 그런데 실험으로 생성된 8그램의 폴리에틸렌만으로는 감소된 용기 내 압력 차이가 완전히 설명되지 않았다. 실험 장치의 연결 부위 어딘가가 샜다는 얘기였다.

몇 달에 걸친 조사 끝에 무슨 일이 벌어졌는지가 밝혀졌다. 실험 장치의 연결 부위가 샌 건 틀림없었다. 그러는 바람에 새로운 에틸렌이 주입되면서 하필이면 적절한 양의 산소가 덩달아 따라 들어간 거였다. 즉 산소는 에틸렌의 중합 반응을 일으키는 촉매였다. 제국화학산업은 폴리에틸렌의 특허를 1936년에 받았다. 하지만 이걸 쓰겠다는 데가 있지는 않았다.

1938년, 영국 전신건설관리 대표 제이 엔 딘이 폴리에틸렌 이야기를 전해 들었다. 해저 전신선을 제조·관리하던 그는 폴리에틸렌이 절연재로서 기존의 구타페르카를 대신할 수 있을지 모른다고 생각했다. 구타페르카는 귀하고 비싸며 유지 관리도 까다로웠다. 딘은 폴리에틸렌의 물성이 구타페르카와 비슷하다는 말에 큰 관심을 가졌다.

1939년 7월, 제국화학산업은 약 2킬로미터 길이의 해저 전신선을 절연할 수 있는 분량의 폴리에틸렌을 전신건설관리에 공급했다. 성능은 만족스러웠다. 이어 소규모 생산 공장이 세워져 9월 1일 가동을 시작했다. 하필 그날은 독일이 폴란드를 침공해 제2차 세계대전이 발발한 날이었다. 폴리에틸렌 절연 해저 전화선이 실제로 영국과 프랑스를 잇게 된 건 1944년 노르망디 상륙 작전 이후였다.

전쟁은 폴리에틸렌에 뜻밖의 쓰임새를 마련해 주었다. 1940년 프랑스가 독일의 전격전에 무릎을 꿇으면서 영국은 자신의 본토인 영국섬을 지켜야 할 절박한 처지가 됐다. 독일은 영국섬 상륙의 전초전으로 영국섬의 제공권 확보에 나섰다. 수적으로 우세한 독일 공군의 전투기와 폭격기 편대를 상대하는 건 영국 공군에게 쉬운 일이 아니었다.

영국을 구한 건 바로 2장에 나왔던 로버트 왓슨와트의 레이다였다. 고압 전류가 흐르는 레이다의 작동에 절연재는 필수였다. 제국화학산업이 생산한 폴리에틸렌은 지상 및 항공기 탑재 레이다 전선의 절연 피복으로 긴요하게 사용됐다. 항공기 탑재 레이다는 특히 독일의 잠수함을 탐지하는 데 결정적이었다.

전쟁이 끝난 후인 1946년 8월, 왓슨와트는 이렇게 말했다.

"폴리에틸렌의 존재가 항공기 탑재 레이다의 디자인, 생산, 설치, 유지 보수의 문제를 '거의 해결 불가능'에서 '편안하게 관리 가능'으로 바꿔 놓았다."

폴리에틸렌은 오늘날에도 여전히 전선의 절연 피복으로 널리 쓰인다. 물론 그게 용처의 전부는 아니다. 폴리에틸렌은 식품 포장용 랩, 종이 우유팩 안쪽의 코팅재, 인체 내에 이식되는 인공 관절, 방탄복 소재 등으로도 활용되며 현대 사회의 필수재가 되었다.

◆ 제7장 ◆

선장의 정신 건강을 위해 배를 탄 목사 지망생의 깨달음

  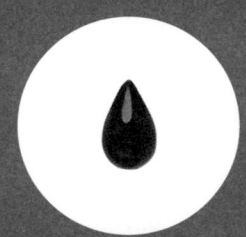

초고속 승진하던 해군 장교의
큰 걱정거리

　　1828년 12월, 영국 해군 남아메리카 함대 소속 대위 로버트 피츠로이는 뜻밖의 명령을 받았다. 함대 사령관 로버트 오트웨이 소장이 그를 갑작스럽게 휘하 체로키급 슬루프 포함의 임시 선장으로 임명한 거였다. 슬루프 포함은 돛대가 두 개이고 갑판에만 포가 달린 작은 범선이었다.

　　포가 10문인 체로키급은 모두 104척이 건조된 보조 군함이었다. 피츠로이가 원래 타고 있던 갠지스는 84문을 갖춘 2급 전열함으로, 체로키급과는 위력도, 중요성도 비교할 수 없었다. 물론 갠지스는 오트웨이의 기함이었고, 피츠로이는 단지 그의 부관으로 승선했을 뿐이었다. 그러나 작은 배일지라도, 임시라도 선장이 된다는 건 해군 장교 경력에서 중요한 이정표였다.

피츠로이는 앞날이 유망한 장교였다. 1805년에 태어나 1818년, 열두 살 나이에 영국 해군 모항 포츠머스의 왕립해군학교에 들어갔다. 졸업 전인 1820년 11월에는 36문을 갖춘 5급 프리깃 오언 글렌도워에 수습 선원으로 승선해 남아프리카 함대 파견 항해를 경험했다. 1822년 1월 귀국 직전에는 장교 후보생이 되었고, 1824년 9월에는 대위로 빠르게 승진했다. 영국 해군 역사상 최초로 진급 시험에서 만점을 받은 덕분이었다.

피츠로이는 배경도 화려했다. 아버지는 영국 육군 대장이었고, 친할아버지는 3대 그라프턴 공작으로 영국 총리를 지냈다. 할머니 앤 리델은 '세렌디피티'라는 단어를 만든 호러스 월폴과 초상화를 주고받으며 445통의 편지를 교환했다. 더 거슬러 올라가면 피츠로이의 5대조는 영국 왕 찰스 2세의 사생아였다. 출세에 집안 배경이 큰 영향을 미쳤던 19세기 영국에서, 피츠로이의 집안은 거의 만점짜리였다.

피츠로이가 맡은 배는 두 척으로 이루어진 소함대의 일부였다. 기함은 대령 필립 킹이 지휘하는 수송선 어드벤처였다. 피츠로이는 그의 지휘 아래 자기 배를 안정적으로 이끌었다. 킹의 소함대는 1830년 10월 무사히 영국으로 귀환했다.

1831년 5월, 스물다섯 살의 피츠로이는 토리당 후보로 하원 의원 선거에 출마했으나 낙선했다. 정치인이 될 당장의 기회를 놓친 피츠로이는 다시 군함의 선장으로 바다에 나가고 싶어 했다. 하지만 해군부는 그를 적임자로 보지 않았다.

이때 그의 집안이 힘을 발휘했다. 피츠로이의 큰아버지, 4대 그라프턴 공작이 해군부에 영향력을 행사했다. 마침 소함대를 지휘했던 킹이 퇴역한 바, 그 역할을 대신할 인물이 필요했다. 결국 1831년 6월, 해군부는 피츠로이를 중령으로 진급시키고 체로키급 슬루프 포함 챈티클리어의 선장으로 임명했다.

피츠로이에게 주어진 임무는 남아메리카 연안 수로의 측량이었다. 그 임무는 결코 만만치 않은 일이었다. 일례로 1828년 중령 헨리 포스터는 챈티클리어의 선장으로서 남극해의 수로 측량에 나섰다. 남아메리카와 남극 대륙 사이 위치한 남셰틀랜드 제도 등을 측량하고 남아메리카의 최남단인 혼곶과 아프리카의 최남단인 희망봉을 들른 후 아센션섬으로 항해했던 포스터는 1831년 2월 물에 빠져 죽었다. 선장인 포스터를 잃은 챈티클리어는 겨우 영국으로 돌아왔다.

정식 선장 임명이 기쁘면서도 피츠로이는 걱정이 앞섰다. 단순히 임무의 어려움 때문만은 아니었다. 그는 자신의 정신 건강을 우려했다. 긴 항해에서 맞닥뜨리는 폭풍, 암초, 질병, 원주민이나 적선의 공격 같은 위험은 곧 심리적 압박으로 이어졌다. 우울증에 걸리거나 심할 경우 스스로 목숨을 끊을 수도 있었다. 피츠로이는 항해 도중 자살할지도 모른다고 진지하게 걱정했다.

실제로 피츠로이는 친척의 비극을 지켜봤다. 로버트 스튜어트는 피츠로이에게 서른여섯 살 위의 7촌 아저씨였다. 좀 더 엄밀히 말해 피츠로이의 증조할아버지와 스튜어트의 외할머니가 서로 남매 사이였다. 스튜어트는 남부럽지 않은 삶을 산 사람이었다. 런던데리 2대 후작으로서 케임브리지 대학 세인트존칼리지도 잠깐 다닌 스튜어트는 영국 전쟁장관과 외무장관을 지낸 막강한 권력자였다. 그런 스튜어트가 1822년 스스로 목숨을 끊었다.

피츠로이의 시름에는 더 결정적인 이유가 있었다. 피츠로이보다 열두 살 많은 중령 프링글 스톡스는 항해 경험이 풍부한 군인이었다. 스톡스는 피츠로이가 수습 선원으로서 오웬 글렌도워를 탔을 때 같은 배에서 대위로 복무했다. 1826년부터 선장으로서 수로 측량 임무를 수행하던 스톡스는 우울증에 빠진 끝에 1828년 8월 권총으로 자살했다. 피츠로이가 임시 선장으로 임명되었던 슬루프 포함이 스톡스가 지휘하던 배였다. 피츠로이는 자신만의 대책을 마련하기로 결심했다.

선장의 말동무로 임명된
의사 가문의 목사 지망생

피츠로이의 대책은 자기가 우울증에 빠지지 않도록 옆에서 말동무가 되어줄 사람을 데리고 가는 거였다. 또한 임시 선장 시절에 지질학을 아는 사람이 배에 없어서 아쉬웠던 기억이 있었다. 1831년 8월 피츠로이는 집안 배경이 어느 정도 자신과 비슷하면서 지질학과 광물에도 지식이 있는 사람을 추천해 달라고 해군부에 요청했다.

첫 번째 후보는 피츠로이보다 다섯 살 많은 레너드 제닌스였다. 케임브리지대 세인트존칼리지를 졸업한 제닌스는 영국 국교회 목사였다. 그는 처음엔 크게 고무되어 짐을 꾸렸으나, 곧 건강에 자신이 없고 교구 신도들을 내버려둘 수 없다는 이유로 거절했다.

두 번째 후보자는 피츠로이보다 아홉 살 많은 존 스티

브스 헨슬로였다. 케임브리지대학 광물학 교수였던 헨슬로는 제닌스의 케임브리지대학 세인트존칼리지 선배였다. 제닌스의 세 살 위 누나와 결혼한 헨슬로는 제닌스와 서로 자형, 처남 사이기도 했다. 헨슬로도 항해에 끌렸지만 아내의 반대를 넘어서지 못했다.

거절이 미안했던 헨슬로는 다른 사람을 피츠로이에게 추천했다. 피츠로이보다 네 살 어린 로버트는 귀족은 아니었지만 이름난 집안 사람이었다. 로버트의 할아버지는 케임브리지대학 세인트존칼리지를 졸업하고 에딘버러대학 의학교를 나온 유명한 의사였다. 로버트의 아빠도 에딘버러대학 의학교를 나온 의사였다. 로버트 역시 할아버지와 아빠의 대를 이어 의사가 될 거라는 기대가 컸다. 로버트는 1825년 에딘버러대학 의학교에 들어갔다.

기대가 무색하게 로버트는 의학 공부에 소질이 없었다. 로버트의 성적은 불량했다. 이에 화가 난 로버트의 아빠는 1828년 로버트를 케임브리지대학 크라이스츠칼리지로 보냈다. 의사가 될 자질은 없는 듯하니 대신 영국 국교회 목사라도 되게 하려는 계획이었다. 부족함이 뭔지 모르고 자란 철부지였던 로버트는 케임브리지대학에서도 공부보다는 말 타고 누비면서 사냥하고 낚시하는 데 더 열중했다. 헨슬로와 해군부는 밖을 누비기 좋아하는 그의 성격이 오히려 역할에 적합하다고 봤다.

헨슬로의 편지를 받은 로버트도 흥미를 가졌지만, 아버

지의 반대가 문제였다. 갓 졸업한 아들이 목사 준비는 제쳐두고 선장의 말동무로 2년간 항해에 나선다는 건 아버지 눈엔 미친 짓이었다.

현실적인 또 다른 문제는 비용이었다. 피츠로이는 말동무의 항해 비용을 자신이 부담할 생각이 없었다. 500파운드의 비용을 내지 않으면 승선할 수 없다고 밝혔다. 이는 당시 초급 해군 장교 연봉의 7배가 넘는 거액이었다. 돈이 없던 로버트로서는 아버지가 허락하지 않는 한 불가능했다. 결국 그는 거절 편지를 헨슬로에게 보낸 뒤 외삼촌 집으로 자고새 사냥을 떠났다.

도자기를 만들어 팔아 떼돈을 번 로버트의 외삼촌은 생각이 달랐다. 집 밖에서 고생 한 번 하는 게 로버트에게 도움이 될 거라고 생각한 로버트의 외삼촌은 로버트의 아빠가 생각을 바꿀 때까지 설득했다. 결국 로버트의 아빠는 항해 비용 500파운드를 내놓기로 동의했다.

그사이 가타부타 대답이 없는 로버트에게 역정이 난 피츠로이는 자신의 친구 헤리 체스터에게 같이 가자고 제안했다. 피츠로이보다 한 살 어린 체스터는 케임브리지대학 트리니티칼리지를 다니다 추밀원의 서기가 된 사람이었다. 추밀원은 영국 왕에게 정치에 관한 조언을 하는 조직이었다. 체스터가 좋다고 승낙하자 피츠로이는 "자리가 채워졌으니 다 잊어버리라"는 편지를 로버트에게 보냈다.

하필이면 피츠로이의 편지가 아직 배달되기 전인 1831

년 9월, 아빠에게 허락을 받은 로버트는 피츠로이를 만나러 런던으로 왔다. 피츠로이는 불쑥 찾아온 로버트를 문전박대할 만큼 야멸찬 사람은 아니었다. 그저 잘 타일러 돌려보낼 생각이었다. 바로 그때 피츠로이는 체스터의 편지를 받았다. 2년간 런던을 비우면 앞으로 사교계 활동이 엉망이 될까 우려한 체스터는 말을 뒤집었다.

피츠로이는 하는 수 없이 로버트와 조금은 진지한 마음으로 대화를 나눴다. 생각했던 것보다는 말이 통했다. 저녁까지 같이 먹으면서 시간을 보내 본 결과 피츠로이는 로버트를 옆에 두고 견딜 만할 정도는 된다고 판단했다.

그걸로 모든 게 해결된 건 아니었다. 피츠로이는 여전히 두 가지 근심이 있었다. 하나는 정치적 의견차였다. 토리의 후보로 하원 선거에 나선 피츠로이와 달리, 로버트의 집안은 대대로 토리의 라이벌인 휘그였다. 피츠로이의 6대조 할아버지인 찰스 2세가 죽은 후 찰스 2세의 동생인 가톨릭 신자 제임스가 영국 왕이 되는 걸 반대한 휘그는 1830년대에 자유주의를 내세웠다.

다른 하나는 로버트의 외모였다. 피츠로이는 요한 라바터에 심취해 있었다. 스위스의 츠빙글리파 목사인 라바터는 얼굴의 특징으로 성격을 맞힐 수 있다고 주장했다. 쉽게 말해 피츠로이는 관상을 믿었다. 자칭 관상 전문가인 피츠로이가 보기에 로버트의 코는 항해를 견딜 기력과 투지가 부족해 보였다.

제7장

그럼에도 피츠로이는 로버트를 데리고 가기로 마음을 굳혔다. 로버트가 만족스러워서는 결코 아니었다. 더 이상 다른 후보자를 찾을 시간이 없다는 게 가장 큰 이유였다. 출항은 9월 말로 예정되어 있었다. 로버트를 돌려보내고 다른 사람을 찾다가 결국 찾지 못하면 그건 스톡스의 뒤를 따라가는 격이었다. 피츠로이는 그러한 생각만으로도 몸서리쳤다.

그 후 몇 가지 우연한 일이 겹쳤다. 9월 말이 지났음에도 출항은 약 두 달간 지연되었다. 항해에 나설 배의 준비가 덜 돼서였다. 그다음에는 12월의 강력한 서풍이 항해를 가로막았다. 두 차례 출항을 시도했다가 돌풍 때문에 도로 항구로 되돌아왔다. 크리스마스 때 선원들이 너무 많이 술을 퍼마신 것도 출항이 밀린 이유 중 하나였다. 이럴 줄 미리 알았더라면 피츠로이가 로버트보다 더 적합한 코를 가진 사람을 찾을 시간은 충분했었다.

배도 바뀌었다. 챈티클리어의 상태가 예상외로 좋지 않자 영국 해군부는 피츠로이가 지휘할 배를 챈티클리어에서 이미 임시 선장으로서 한 번 탔던 배로 교체했다. 그 배의 이름은 비글이었다. 비글의 선장 피츠로이의 말동무는 바로 찰스 "로버트" 다윈이었다.

'종의 기원' 불씨가 된 어느 토목 엔지니어의 논문

 피츠로이의 비글은 1831년 12월 27일 영국의 플리머스를 출항했다. 원래 2년을 예정했던 항해는 실제로는 5년 가까이 걸려 비글은 1836년 10월 2일 영국의 팔머스에 착항했다. 모두가 알다시피 이후 다윈은 진화론으로 세상을 흔들어 놓았다. 모든 문제가 해결된 건 아니지만, 진화론은 생물학의 중심 원리가 되었다.

 다윈이 비글에 탔음에도 불구하고 나중에 진화론을 만들고 또 진화론이 사람들에게 받아들여지는 건 보장된 일이 아니었다. 우선 다윈은 비글의 공식 동식물 연구자가 아니었다. 그 역할은 피츠로이보다 다섯 살 많은 로버트 맥코믹의 몫이었다. 배를 타는 해군 군의관, 즉 선의인 맥코믹은 에딘버러대학에서 의학은 물론이고 식물학이나 화학도 배운 사람이었다.

　　진화론도 다윈이 최초로 주장한 건 아니었다. 이미 비슷한 생각은 고대부터 있었다. 기원전 6세기 아낙시만드로스는 생명은 바다에서 시작되었다고 믿었다. 탈레스의 수제자였던 그는 땅에서 발견되는 조개껍질이나 바다 생물의 화석이 과거에 지구의 대부분이 바다였음을 보여주는 증거로 봤다. 아낙시만드로스는 인간도 바다에서 기원했음에 틀림이 없고 본래는 물고기와 비슷했을 거라고 추정했다.

　　기원전 5세기의 엠페도클레스는 물, 불, 공기, 흙의 4원소설에서 출발해 자신의 진화론을 구성했다. 그에 따르면 4원소는 인력과 척력, 즉 끌어당기는 힘과 밀어내는 힘의 영향을 받아 최초의 생명체인 괴물로 탄생하는 바, 지속적인 인력과 척력의 상호 작용으로 오늘날의 생물이 완성되었다고 주장했다. 4원소설과 괴물 부분을 너그럽게 봐 넘기면 엠페도클레스의 생각은 진화론의 자연 선택과 근본 정신에선 일치했다.

　　현대의 진화론과 마찬가지로 고대 그리스의 진화론도 많은 반대를 겪었다. 반대의 대부분은 플라톤에서 비롯된 관념적인 형이상학에서 왔다. 플라톤주의자들은 세상의 근본적인 실재는 변하지 않으며 따라서 진화란 있을 수 없다고 주장했다.

　　알고 보면 찰스 다윈의 할아버지인 이래즈머스 다윈도 진화론 비슷한 걸 주장했다. 영국 왕 조지 3세로부터 주치의 제안을 받기도 했던 이래즈머스는 시도 짓는 사람이었다. 그는 자신의 책 《주노미아》에서 "생물 종은 환경의 변화에 대응해 변화를 시도하여 필요한 특성을 획득한다"고 썼다. 이래즈머스는 다른 책에서 식물도 감각과 의지를 가진다고 주장하기도 했다.

다윈이 진화론을 깨닫게 된 것도 항해가 끝나고 한참 뒤의 일이었다. 영국 국교회 예비 목사로서 다윈은 원래 신실한 창조론자였다. 1835년 9월 비글이 갈라파고스 제도에 도착했을 때 다윈의 주된 관심사는 지질학 표본이었지, 되새 같은 동물이 아니었다. 당시 다윈은 여동생에게 "지질학에 비교할 수 있는 건 없어. 처음 며칠 자고새를 총으로 사냥하며 느낀 즐거움은 화석 뼈를 찾는 것에 비하면 아무것도 아니지"라는 편지를 써 보냈다.

다윈은 진화론에 대한 생각을 다듬어 갔지만 책으로 내기를 주저했다. 가장 큰 이유는 당시의 종교적 신앙에 반하는 생각의 소유자라는 사회적 오명이 두려워서였다.

그런 다윈의 마음이 바뀌게 된 결정적인 이유는 경쟁자의 등장이었다. 다윈보다 열네 살 어린 앨프리드 월리스는 대학을 나오지 않은 토목 엔지니어였다. 동식물 연구에 관심이 생긴 월리스는 1848년부터 아마존강 일대를 누비며 동식물 표본을 모았다. 또 1854년부터 1862년까지는 말레이 제도에서 동식물 탐사를 이어갔다.

1858년 월리스는 자신이 쓴 논문을 다윈에게 보냈다.

자연 선택과 진화론을 설명하는 월리스의 논문에 다윈은 어안이 벙벙해졌다. 놀라울 만큼 자신의 생각과 유사했기 때문이었다. 물론 차이가 없진 않았다. 엘리트주의자인 다윈이 약육강식을 다르게 표현한 적자생존에 더 마음이 끌렸다면, 배경이 미미한 월리스는 자연 선택 자체를 지지했다. 달리 말해 다윈에게 중요한 건 '경쟁'이었고, 월리스에게 중요한 건 '환경'이었다. 그해 월리스의 논문은 학술지에 실렸다.

위기감을 느낀 다윈은 처박아 두었던 미완성의 원고를 꺼냈다. 이대로 가다가는 자연 선택의 시조라는 명예를 놓칠까 봐 걱정돼서였다. 다윈은 아직 완성되지 않은 원고의 일부를 급하게 존 머리에게 보냈다.

할아버지가 시작한 가업을 물려받은 머리는 당대 영국 최고의 출판업자였다. 특히 머리의 아빠는 제인 오스틴, 월터 스콧, 조지 바이런 등의 작품을 출간한 사람이었다. 다윈보다 한 살 많은 머리는 아프리카를 횡단한 데이비드 리빙스턴의 책을 1857년에 베스트셀러로 만들며 아빠의 명성을 이었다.

머리는 다윈의 원고가 어떻게 받아들여질지 확신할 수 없었다. 머리는 화이트웰 엘윈에게 평을 부탁했다. 케임브리지대학 키이스칼리지를 졸업한 엘윈은 영국 국교회 목사였다. 특히 엘윈은 머리의 아빠가 1809년에 창간한 잡지 〈쿼털리 리뷰〉의 편집장을 1853년부터 맡고 있었다.

엘윈의 평가는 부정적이었다. 그가 보기에 다윈의 원고

는 너무 멀리 갔다. 관찰된 사실만 제시하지 않고 거북한 이론을 끼워 넣었다고 본 거였다. 엘윈은 머리에게 "나는 모든 페이지마다 증명이 없음에 감질이 납니다"라고 편지를 보냈다.

 엘윈은 대안을 제시했다. 원고를 대폭 수정한다면 괜찮은 책이 될 거라는 거였다. 엘윈이 생각한 건 진화론이 아닌 비둘기에 대한 책이었다. 엘윈은 비둘기에 대한 다윈의 생각이 "별나고 기발하며 가치가 크다"고 평했다. 나아가 이쪽이 판매 면으로도 더 나으리라고 주장했다. 왜냐하면 "모든 사람이 비둘기에 관심이 있기" 때문이었다.

 다윈은 엘윈의 평을 무시했다. 머리는 1859년 11월 원래의 원고 그대로 책을 출간했다. 그렇게 나온 《종의 기원》은 초판이 나온 지 160여 년이 지난 지금도 온라인 서점 과학 분야에서 판매 상위권을 차지하고 있다.

세계 최초 일기 예보를
일간지에 제공한 해군 제독

만약 월리스가 다윈에게 논문을 보내지 않았더라도 다윈이 진화론의 시조로 자리매김할 수 있었을까? 혹은 다윈이 어쩌다 비글에 타지 못했는데 그럼에도 월리스가 진화론을 오늘날의 위치로 이끌 수 있었을까? 시간을 되돌려 과거로 돌아갈 방법이 없는 이상 이러한 질문에 완벽한 답을 얻기는 어렵다. 그래도 짐작은 해 볼 수 있다.

비글이 항해에서 돌아온 후 지나간 20년 넘는 시간을 감안컨대 월리스의 등장 없이 《종의 기원》이 실제와 비슷한 시점에 출간되었을 가능성은 낮다. 1882년에 죽은 다윈이 말년에 책을 냈을 가능성도 있지만 그게 어떻게 받아들여졌을지는 확신하기 어렵다.

또 다윈 없이 월리스 혼자서 진화론을 과학의 일부로

만들었을 것 같지도 않다. 일단 월리스는 과학계와 거리가 있는 이방인이었다. 게다가 월리스는 골상학의 열렬한 지지자였다. 골상학은 머리뼈의 모양을 보고 사람의 성격과 운명을 예측하는 분야였다. 또한 최면술에 심취한 월리스는 "텔레파시, 신통력, 유령"이 중력처럼 검증 가능한 실제 현상이라고 주장하기도 했다.

    항해에서 돌아온 후 피츠로이는 일약 영국 사교계의 유명 인사가 되었다. 피츠로이는 킹과 스톡스가 남긴 기록을 포함해 비글 항해 일기를 1839년 네 권짜리 책으로 출간했다. 다윈의 일기는 피츠로이 책의 세 번째 권으로 편집되었다. 여세를 몰아 피츠로이는 1841년 지역구를 바꿔 다시 영국 하원에 도전했다. 이번에는 문제없이 하원 의원으로 선출되었다.

    서른여섯 살의 나이로 하원 의원이 된 피츠로이는 이후 탄탄대로를 걸었다. 1842년 말, 뉴질랜드 초대 총독이었던 대령 윌리엄 홉슨이 죽자 피츠로이가 그 뒤를 이어 2대 뉴질랜드 총독이 되었다. 그는 1845년 후반까지 뉴질랜드 총독 자리를 지켰다. 이후 1848년 울위치의 왕립해군조선소 감독관, 1849년에는 46문의 포를 가진 프리깃 애로건트의 함장으로 임명되었다. 애로건트는 돛에 더해 증기기관 스크류 프로펠러로 항행하는 증기선이었다.

    1850년 건강이 안 좋아진 피츠로이는 현역에서 물러나 예비역으로 편입되었다. 퇴역 당시의 계급은 대령이었지만,

피츠로이는 예비역인 상태로 진급을 계속했다. 1857년에는 소장이 되었고 1863년에는 중장이 되었다.

피츠로이의 명성은 여기서 끝나지 않았다. 1851년 영국 왕립학회의 회원으로 선출된 피츠로이는 1854년 새로운 역할을 맡았다. 바로 바다의 날씨 데이터를 모으는 기관의 설립이었다. 그게 바로 왓슨와트가 들어갔던 영국 기상청의 시작이었다. 즉 영국의 초대 기상청장이 바로 피츠로이였다.

그는 영국 해안에 15개의 관측소를 설치하고 날씨 정보를 모았다. 당시 막 도입되던 쿡의 유선 전신이 있었기에 가능한 일이었다. 피츠로이의 기상청은 영국의 상선들에게 바다의 날씨 정보를 제공했다. 또 1861년 영국의 일간지 〈더 타임스〉는 세계 최초로 기상청이 제공하는 일기 예보를 신문에 싣기 시작했다. '예측하다'는 뜻을 가진 영어 단어 포캐스트 forecast는 원래 "앞으로(의 일을 알려고 점치는 막대기인 로트를) 던진다"는 의미였는데, 포캐스트를 일기 예보의 의미로 쓴 최초의 사람도 피츠로이였다.

남부러울 것 없는 삶을 살았지만, 피츠로이는 말년에 우울해했다. 하나는 일기 예보 때문이었다. 사람들은 그의 예보가 잘 맞지 않는다며 비난을 퍼부었다. 또 다른 원인은 진화론이었다. 신앙심이 깊었던 피츠로이는 창조론을 부정하는 진화론에 진저리를 쳤다. 그는 자신이 다윈을 비글에 태운 탓에 불경한 일이 벌어졌다고 스스로 자책했다.

안타깝게도 피츠로이는 1865년 스스로 목숨을 끊었다.

제7장

◆ 제8장 ◆

침몰하지 않는 항공 모함을 만들려 했던 전직 종군 기자

  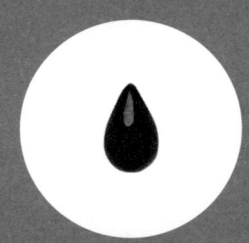

토머스 에디슨과
하이럼 스티븐스 맥심의 공통 관심사

19세기 후반 하늘을 나는 탈것의 개발에 많은 사람들이 뛰어들었다. 자동차를 가능하게 한 내연 기관, 즉 엔진이 개발되면서 비행이 더 이상 허황한 꿈이 아니게 된 때문이었다. 그때는 통일된 비행기 혹은 항공기라는 말도 아직 없던 시절이라 자기가 개발 중인 기계의 이름을 마음대로 지어 붙였다. 그중에는 이름난 인물도 적지 않았다.

우선 토머스 에디슨을 들 수 있다. 1847년에 태어난 에디슨은 1877년에 축음기, 1879년에 전구를 만들어 발명의 역사에 이름을 남겼다. 에디슨은 지금은 예전의 광휘를 잃었지만 20세기 후반과 21세기 초반에 걸쳐 세계에서 가장 시가 총액이 컸던 회사 제너럴일렉트릭의 창업자기도 했다.

1880년 에디슨은 하늘을 나는 기계에서 새로운 도전을 찾았다. 보다 구체적으로 에디슨은 얼마나 큰 마력으로 로터, 즉 회전 날개를 돌려야 탈것이 뜰 수 있는지를 확인하고자 했다. 즉 에디슨은 오늘날의 헬리콥터 같은 걸 궁리했던 셈이다.

일련의 시험 끝에 에디슨은 엔진 무게 1킬로그램당 약 0.5마력은 나와야 비행이 가능하다는 결론에 도달했다. 이는 당시의 증기 기관이나 니콜라우스 오토가 만든 내연 기관으로는 달성이 불가능한 출력이었다.

에디슨은 쉽게 포기하지 않는 사람이었다. 유일한 해결책은 더 강력한 내연 기관을 만드는 거라고 결론 내린 에디슨은 몸소 엔진 개발에 나섰다. 에디슨이 선택한 연료는 폭발 물질의 일종인 면화약이었다. 면화약을 연료로 쓰는 에디슨의 엔진은 출력은 높았지만 폭발의 위험이 컸다. 실제로 에디슨의 엔진을 시험하던 엔지니어 한 명이 엔진의 폭발로 화상을 입었다. 엔진 폭발 때 머리카락을 그슬린 에디슨은 그 후 비행의 꿈을 접었다.

비행기 개발에 도전한 사람 중엔 에디슨과 소송을 벌였던 하이럼 스티븐스 맥심도 있었다. 에디슨보다 일곱 살 많은 맥심은 자신의 이름을 단 '맥심 기관총'을 개발한 사람이었다. 이외에도 불을 자동으로 끄는 살수기, 머리를 마는 데 쓰는 다리미, 연속해서 작동하는 자동 쥐덫 등 맥심은 다양한 특허를 남겼다.

맥심이 에디슨과 소송을 벌인 이유는 바로 전구 때문이

었다. 맥심이 1878년에 세운 전기 조명 회사는 실제로 뉴욕 브로드웨이에 있는 에퀴터블 생명보험의 본사 건물을 맥심이 만든 전구를 가지고 1880년이 되기 전에 밝혔다. 그럼에도 오랜 소송 끝에 맥심은 재판에 졌다. 자신의 모국인 미국에 진저리가 난 맥심은 1881년 아예 영국으로 이민을 갔다. 이후 맥심은 영국을 위해 기관총을 발명한 공로로 영국 여왕 빅토리아로부터 기사 작위를 받았다.

비행의 꿈만큼은 맥심이 에디슨보다 빨랐다. 이미 1872년에 맥심은 자신이 만들 헬리콥터의 개념도를 그렸다. 영국으로 이주한 후 맥심이 구체적으로 만들려고 한 건 고정된 여러 겹의 날개를 가진 탈것이었다. 맥심은 자신의 탈것을 "플라잉 머신 flying machine"이라 이름 붙였다.

1889년부터 제작되기 시작한 맥심의 플라잉 머신은 날개 길이가 34미터에 무게가 3.5톤이 나가는 괴물이었다. 1894년 철로 위에서 시험된 플라잉 머신은 맥심을 태우고도 몇 센티미터 정도 위로 뜨기도 했다. 에디슨과 마찬가지로 비행에는 더 강력한 엔진이 필요하다고 판단한 맥심은 추가 개발을 중단했다. 그 뒤로도 비행의 꿈을 완전히 접을 수 없었던 맥심은 세계 최초로 회전 비행기 놀이 기구를 디자인해 1904년 영국의 놀이공원에 설치했다.

에디슨과 맥심 같은 발명가만 비행기 개발에 도전한 게 아니었다. 최고 수준의 과학자도 비행기 개발에 뛰어들었다. 대표적인 인물이 바로 새뮤얼 랭리였다.

맥심보다 여섯 살 많고, 에디슨보다 열세 살 위인 랭리는 고등학생 때 이미 목성의 위성과 토성의 고리를 관찰할 굴절 망원경을 만들었다. 고등학교 졸업 후 대학을 가는 대신 세인트루이스와 시카고의 건축사무소에서 견습생으로 일했지만 천체 관측만큼 보람되지 않았다. 건축가 되기를 그만둔 랭리는 하버드대학의 천문대에 취직했다. 담당 업무는 망원경 보수와 관리였다.

그로부터 1년 뒤 랭리의 경력을 밀어 올릴 일이 갑자기 벌어졌다. 미국 해군사관학교가 랭리를 수학 교수로 채용한 거였다. 미국 해군사관학교로선 산하의 조그마한 천문대 운영 재개를 맡을 누군가가 필요했을 따름이었다. 어쨌든 이때부터 천문가로서 랭리의 본격적인 경력이 시작되었다. 서른세 살 때인 1867년, 피츠버그대학의 전신에 천문학 교수로 옮긴 이래 랭리는 태양 관측의 전문가로 이름을 날렸다.

1886년 랭리는 우연히 새의 비행에 대한 강연을 듣고 항공역학에 관심갖게 되었다. 다음 해 스미소니언협회의 사무총장이 된 후에도 비행에 대한 관심은 계속됐다. 1890년대 초중반, 랭리는 항공역학에 대한 논문을 쓰고 엔진이 달린 무인 비행체를 만들어 실험했다. 랭리는 자신의 비행체에 에어로드롬 aerodrome 이라는 이름을 붙였다. 에어로드롬은 우리말로 '공중의 달리기 주자'를 뜻했다.

1896년 5월, 무게 11킬로그램인 랭리의 다섯 번째 에어로드롬은 두 번째 시도에서 약 20미터 고도로 상승해 세 바퀴를 돌며 약 1000미터를 날았다. 이어 같은 해 11월, 여섯 번째 에어로드롬은 약 2분에 가까운 비행시간 동안 1500미터 이상을 날았다. 이후 랭리는 비행기의 상업적 개발은 다른 이들의 몫으로 남겨두겠다고 선언했다.

본업인 천문학으로 돌아가려던 랭리의 계획은 1898년 없던 일이 됐다. 에스파냐로부터 독립하려는 쿠바에 개입한 미국의 장갑 순양함 메인이 하바나항에서 침몰하며 미국이 에스파냐를 상대로 전쟁을 일으켰기 때문이었다. 미국 대통령 윌리엄 매킨리는 유인 비행기의 개발을 랭리에게 직접 요청했다. 미국 전쟁부는 메인을 건조할 때 쓴 돈의 약 2퍼센트에 해당하는 5만 달러를 랭리에게 개발비로 건넸다.

랭리는 유인 비행기의 개발 성공을 위해 뭐가 필요한지 알았다. 바로 사람을 태우고도 비행이 가능할 정도로 강력한 엔진이었다. 하지만 그는 비행만 알았을 뿐 엔진을 개발할 능력은 없었다. 엔진 개발과 시험 비행을 담당할 사람으로 랭리는 찰스 맨리를 뽑았다. 맨리는 코넬대학에서 막 공학 석사 학위를 받은 엔지니어였다.

랭리와 맨리는 처음엔 휘발유 엔진 개발을 다른 사람에게 외주를 주었다. 시계 회사 티파니에서 경험을 쌓은 스테픈 발처였다. 발처가 개발한 엔진은 그러나 출력이 충분히 세지 않았다.

능력 있는 엔지니어였던 맨리는 발처의 엔진을 개조해 1903년까지 더 성능이 좋은 엔진을 만들었다. 무게가 57킬로그램인 맨리의 엔진은 52마력을 냈다. 즉 킬로그램당 마력이 0.91인 맨리 엔진의 무게당 출력은 에디슨의 기준을 훌쩍 넘겼다.

마침내 1903년 10월 7일, 맨리의 엔진을 장착한 랭리의 에어로드롬이 최초의 공개 시험 비행에 나섰다. 맨리가 직접 에어로드롬의 조종간을 잡았다. 미국 의회와 정부, 그리고 뉴욕타임스 같은 언론까지 미국 전체가 성공을 기대하고 예상한 시험 비행이었다. 랭리의 에어로드롬은 이륙하자마자 포토맥강에 민망하게 추락했다. 랭리와 맨리는 1903년 12월 8일 비행을 재시도했다. 결과는 이전과 판박이였다.

그로부터 9일 후, 미국 노스캐롤라이나의 키티호크에서 또 다른 비행 시도가 있었다. 1868년생인 찰스 테일러가 만든 엔진은 무게가 82킬로그램인데 반해 출력은 12마력에 불과했다. 즉 그건 에디슨의 기준에도 한참 못 미쳤다. 그럼에도 테일러의 엔진을 탑재한 탈것은 조종사를 태우고 59초간 260미터를 날았다. 세계 최초의 비행기가 탄생한 거였다.

짐작하겠지만 그걸 만든 사람은 고등학교도 마치지 못한 자전거 수리공, 즉 윌버 라이트와 오빌 라이트였다. 라이트 형제는 자신의 탈것을 플라이어^{flyer}, 즉 '나는 것'으로 이름 지었다. 무명의 자전거 수리공 형제가 세계 최초의 비행기를 만들 거라고 예상한 사람은 정말이지 아무도 없었다.

라이트 형제의 비행기를
처음으로 구매한 미국 육군

미군이 하늘을 나는 탈것에 관심을 가지게 된 건 1898년이 처음이 아니었다. 그 시작은 남북전쟁 때였다. 1861년 10월 북군은 열기구 군단을 창설했다. 태디어스 로우가 지휘한 열기구 군단은 전신으로 통신하며 정찰, 지도 제작, 포 사격 유도 등의 임무를 수행했다. 1863년에 해체된 열기구 군단은 1893년 미국 육군 신호 군단장인 소장 아돌퍼스 그릴리의 결정으로 신호 군단 예하의 전쟁 열기구 중대로 재탄생했다.

그럼에도 애초에 미국 육군은 라이트 형제의 비행기에 아무런 관심을 보이지 않았다. 큰돈이 들어간 프로젝트인 랭리의 에어로드롬이 한심하게 실패한 게 가장 큰 이유였지만 다른 이유도 있었다.

1903년 12월 19일, 라이트 형제의 첫 번째 플라이어는 마지막 비행에서 지면과 충돌해 완전히 망가졌다. 이어 제작된 두 번째 플라이어는 1904년 5월 기자들 앞에서 시연했지만, 에어로드롬과 다를 바 없는 모습을 보여 주었다. 유럽에서는 라이트 형제를 두고 플라이어flier, 즉 '비행한 사람'이 아니라 라이어liar, 즉 '거짓말쟁이'라고 부르기까지 했다.

　1905년 라이트 형제가 접촉해 왔을 때 미국 전쟁부는 "실물 기계가 작동하는 걸 볼 때까지" 아무런 행동을 취하지 않겠다며 콧방귀를 뀌었다. 그랬던 미국 전쟁부는 1907년 8월 신호 군단 예하에 항공 사단을 창설하며 태도를 바꿨다. 그 사이, 1906년 브라질의 알베르토 산토스두몽이 프랑스의 많은 관람객 앞에서 220미터 거리 비행에 성공해 라이트 형제가 거짓말쟁이가 아닐 수 있다는 인식이 퍼진 게 이유였다.

　또 하나의 이유는 전략적 우려였다. 미군은 라이트 형제가 접촉 중인 영국이나 프랑스 혹은 독일에 비행기를 뺏길 가능성을 염려했다. 미국 육군 항공 사단은 공기보다 가벼운 기체인 수소나 헬륨으로 뜨는 비행선으로 우선 무장했다.

　1908년 9월 3일, 형제 중 동생인 오빌 라이트는 미국 육군을 상대로 비행 시연을 시작했다. 오빌 라이트가 조종한 건 형제가 아예 군용으로 개발한 플라이어였다. 9월 9일엔 한 시간을 넘긴 62분 15초간의 비행에 성공한 뒤, 이어 항공

제8장

사단 소속 중위 프랭크 람을 태우고 비행했다. 또 9월 12일에는 신호 군단장의 부관인 소령 조지 스콰이어가 오빌 라이트가 조종하는 플라이어에 동승했다.

비행은 순조롭지만은 않았다. 9월 17일, 오빌은 중위 토머스 셀프리지를 태우고 이륙했다가 5분 14초 만에 프로펠러 고장으로 추락했다. 플라이어가 지면과 충돌하는 과정에서 두개골이 함몰된 셀프리지는 숨졌다. 대퇴골과 갈비뼈 등이 부러진 오빌 라이트는 7주간 입원해야 했다.

사고에도 불구하고 항공 사단은 1909년 플라이어를 정식으로 구매했다. 플라이어가 미국 대통령 윌리엄 하워드 태프트를 비롯한 약 만 명의 관람객 앞에서 미국 육군이 내걸었던 "두 명의 조종사가 탄 채로 최소 한 시간 이상 비행하면서 64킬로미터 이상의 평균 시속이 나와야 한다"는 조건을 충족했기 때문이었다.

그러나 항공 사단이 구매한 플라이어는 무수히 추락했다. 플라이어의 디자인 자체에 구조적인 불안정성이 있는 탓이었다. 1913년까지 플라이어의 추락으로 숨진 미군 조종사는 모두 11명이었다.

그럼에도 라이트 형제는 무수한 특허 소송에서 승리했다. 역설적으로 이는 미국 항공 산업의 정체를 불러왔다. 형제의 소송으로 미국의 항공 엔지니어들이 비행기 개발을 포기하거나 혹은 파산해 버렸기 때문이었다. 그 결과, 1914년까지 항공 사단이 구매한 총 30대 비행기 중 제1차 세계대전

발발 시점에 실제 비행이 가능한 건 9대뿐이었고, 그마저도 실전 임무를 감당하기엔 성능이 턱없이 모자랐다.

제8장

전화의 특허권자 알렉산더 벨의
또 다른 관심사

하늘을 나는 탈것을 개발하려 했던 유명인 중엔 의외의 인물도 있었다. 바로 1장에서 언급된, 전화로 큰 재산을 일군 알렉산더 그레이엄 벨이었다. 벨과 함께 전화를 개발한 토마스 왓슨은 벨이 선택할 수 있었다면 전화기에 앞서 비행기에 더 집중했을 거라고 믿었다. 또 벨은 1898년 비행기 개발을 새뮤얼 랭리에게 맡기도록 결정한 위원회의 위원이기도 했다.

벨이 엔진으로 비행하는 탈것을 실험하기 시작한 건 1891년이었다. 얼마 지나지 않아 벨은 자신보다 먼저 비행기를 만들려 했던 사람들과 같은 결론에 도달했다. 엔진 성능이 비약적으로 향상되지 않는 한 비행기는 불가능하다는 결론이었다. 벨은 1890년대와 1900년대 초반 캐나다 노바

스코샤에서 위아래가 뚫린 직육면체 연과 여러 사면체로 구성된 연을 궁리했다. 1905년 벨이 만든 벌집 모양 연은 몸무게가 75킬로그램인 사람을 태우고 하늘을 날았다.

1907년, 벨의 비서로 십수 년간 일한 아서 매커디가 토론토대학 기계공학과를 나온 자신의 아들과 아들 선배를 데리고 벨 부부를 찾았다. 이들과 벨의 대화는 온통 비행 이야기였다. 이를 듣던 벨의 부인 메이블 벨은 비행기를 직접 개발해 보라며 거금을 내놓았다. 그 금액은 1909년 미국 육군이 라이트 형제에게 비행기 개발 상금으로 지급한 돈보다 많았다.

1907년 결성된 비행기 개발 모임의 초기 구성원 중에는 미군 장교도 있었다. 이는 벨이 당시 미국 대통령 시어도어 루스벨트에게 요청해 성사된 일이었다. 그 장교가 바로 1908년 오빌 라이트의 플라이어 추락 사고로 사망한 토머스 셀프리지였다. 셀프리지의 웨스트포인트 동기 중에는 장차 제2차 세계대전의 영웅이 되는 더글러스 맥아더도 있었다.

1908년, 셀프리지가 아직 살아 있을 때 모임에 새로운 인물이 합류했다. 1878년에 태어난 그는 학교를 중학교 2학년까지만 다녔다. 첫 직장은 후일 카메라 필름 회사 '코닥'이 될 조지 이스트만의 회사였고, 이후 웨스턴유니언에선 자전거로 전신을 전달하는 일을 했다. 오빌 라이트보다 일곱 살 어린 그의 이름은 글렌 커티스였다.

1901년부터 자신의 휘발유 엔진을 만들기 시작한 커티스는 1902년부터 오토바이를 제작했다. 1907년 커티스가 자신의 오토바이로 세운 시속 220킬로미터의 기록은 1930년까지 깨지지 않았다. 커티스를 비행기의 세계로 끌어들인 사람이 바로 벨이었다. 1908년 7월, 커티스가 만든 비행기는 공개 비행에서 1.5킬로미터를 날았다. 1909년 벨의 비행기 개발 모임이 해산되자 커티스는 자신의 비행기 회사를 세웠다.

정찰용 비행기를 필요로 한 곳은 육군뿐만이 아니었다. 1908년 오빌 라이트가 미국 육군을 상대로 처음 비행을 시연할 때 미국 해군은 대위 조지 스위트를 파견해 참관하도록 했다. 스위트는 1909년 11월 3일 프랭크 람이 조종하는 플라이어에 동승해 최초로 비행한 미국 해군 장교가 되었다. 스위트는 "비행기에 폰툰, 즉 물에 뜨는 구조물을 달면 해군도 비행기를 쓸 수 있다"는 보고서를 올리기도 했다. 당시까지 비행에 성공한 수상기는 없었다.

1910년 미국 해군부 장관 조지 마이어는 대령 워싱턴 체임버스에게 해군 항공대 신설을 검토하는 임무를 맡겼다. 체임버스는 스위트보다 단도직입의 질문을 던졌다. 바로 "비행기가 군함으로부터 이착륙할 수 있는가"였다.

체임버스는 라이트 형제에게 먼저 이륙 시험을 요청했다. 미국 육군에 납품한 플라이어의 문제로 골머리 썩던 윌버 라이트는 거절했다. 체임버스가 이륙 시연을 요청한 다음 사람이 커티스였다. 커티스는 흔쾌히 승낙했다.

1910년 11월 14일, 커티스 회사의 시험 비행사 유진 엘리는 커티스 모델 D를 타고 경순양함 버밍엄의 이물, 즉 뱃머리에 임시로 설치한 비행 갑판을 활주했다. 25미터의 짧은 비행 갑판을 떠난 모델 D는 곧 바다에 빠지는 듯했지만 바퀴만 살짝 적신 채 이륙에 성공했다. 엘리는 근방의 노포크 해군 조선소에 착륙하는 원래 계획을 포기하고 가까운 근처 해안에 내렸다. 어쨌든 이륙은 성공이었다.

　다음 과제는 착륙이었다. 1911년 1월 18일, 엘리는 육상에서 모델 D를 이륙해 샌프란시스코만에 정박해 있던 장갑순양함 펜실베이니아에 접근했다. 착륙에 필요한 활주 거리를 확보하기엔 펜실베이니아에 설치한 임시 비행 갑판은 너무 짧았다. 함교 쪽의 비행 갑판 끝부분에 곡선의 오르막 경사를 두어 혹시라도 모를 충돌에 대비했지만 그게 비행기가 착륙하는 방법이 될 수는 없었다.

　커티스는 대안이 있었다. 커티스 회사의 또 다른 시험 비행사 휴 로빈슨은 비행 갑판에 설치된 여러 줄의 철선에 비행기에 꼬리처럼 달아 놓은 갈고리가 걸리면서 비행기를 멈추게 하는 꼬리 갈고리 시스템을 만들었다. 꼬리 갈고리가 달린 엘리의 모델 D는 펜실베이니아 비행 갑판에 문제 없이 착륙했다. 심지어 엘리는 다음 날 펜실베이니아에서 이륙해 전날 출발했던 경마장으로 되돌아갔다.

　체임버스는 거기서 멈추지 않았다. 대위 조지 스위트가 보고서에 쓴 것처럼 비행기에 폰툰을 달 수 있는지 커티스에게 물었다. 커티스는 한술 더 떴다. 폰툰을 다는 데 그치지 않고 폰툰 밑에 집어넣을 수 있는 바퀴를 달았다. 즉 그건 물에서만 이착륙하는 게 아니라 땅에서도 이착륙할 수 있는 수륙양용 비행기였다. 커티스가 모델 E로 이름 지은 수륙양용기는 미국 해군의 첫 번째 항공기가 되었다.

역사상 최초의 해군기 공습에 사용된 배의 기구한 운명

바다에서 사용 가능한 비행기가 등장하자 각국 해군은 이들을 어떻게 데리고 다닐지를 고민하기 시작했다. 거기에는 하나의 정답만 있지 않았다. 당장 물에서 이착륙이 가능한 탈것도 두 가지 종류였다. 하나는 앞서 본 육상기에 폰툰을 단 수상기였다. 다른 하나는 동체 자체가 배처럼 물에 뜨면서 동시에 엔진과 날개도 달려 있어 날 수도 있는 비행정이었다.

비행정은 해군이 느끼기에 가장 편안한 존재였다. 바다에 착륙도 할 수 있는 수상기에 비해 비행정은 바다에 계속 머물러도 되는 일종의 배였다. 바다에 상주하며 함대를 위해 넓은 면적을 정찰할 수 있다는 비행정의 특성은 특히 해군의 마음에 쏙 드는 장점이었다.

물론 비행정이 크다 한들 배에 비할 건 아니었다. 즉 연료나 식음료 등을 자주 보급해 주고 정비해 줘야 비행정을 계속 유지할 수 있었다. 비행정에 비해 크기가 작은 수상기는 더 말할 필요도 없었다.

1911년 프랑스 해군은 이에 대한 해답을 세계 최초로 제시했다. 크레인을 이용해 수상기를 선박 위로 올리고 내릴 수 있는 수상기 모함 푸드르를 세계 최초로 내놓은 거였다. 프랑스어로 벼락을 뜻하는 푸드르foudre는 원래 어뢰정을 싣고 다니며 돌보는 어뢰정 모함이었다. 푸드르 입장에선 엄마로서 돌보는 대상이 어뢰정에서 수상기로 바뀌었을 뿐이었다.

제1차 세계대전 초반 육상기는 오직 정찰 목적으로만 사용됐다. 비행기를 모는 조종사들은 하늘에서 마주치면 적군일지언정 서로 손을 흔들기도 했다. 스스로 정정당당하게 결투를 벌이는 신사로 여긴 때문이었다. 얼마 후 지상 전투가 참혹해지면서 비행기 조종사들은 처음에는 권총으로, 나중에는 비행기에 설치한 기관총으로 서로를 죽였다.

해군기는 달랐다. 정찰이 주목적인 건 육상기와 같았지만 기껏 발견한 적 함선을 그대로 둔다는 건 해군의 사고방식과 어울리지 않았다. 미국 해군 항공대의 선구자 워싱턴 체임버스도 처음부터 해군기의 공격 능력을 염두에 두었다. 다만 체임버스는 어뢰나 수뢰보다 해군기의 공습이 막기 쉬울 것 같다고 판단했다. 당시의 비행기 수준이라면 아주 틀린 판단은 아니었다.

그렇다면 역사상 최초로 바다에서 이륙한 항공기가 공습에 나선 때는 언제였을까? 제2차 세계대전이라고 짐작하기 쉽지만 실은 제1차 세계대전 개전 직후였다. 수상기 모함을 최초로 만든 프랑스 해군이나 당시 세계 최강이었던 영국 해군을 떠올리기 쉽지만 의외의 나라가 그걸 했다. 바로 일본 해군이었다.

1914년 8월 4일, 영국이 독일 상대로 전쟁을 개시하면서 즉시 자신을 도우라고 동맹 관계인 일본에 요구했다. 아시아 곳곳의 독일 식민지를 차지할 기회로 판단한 일본은 8월 15일 독일에 최후통첩을 날렸다. 중국 근해의 군함을 모두 철수하고 맥주로 유명한 산둥반도의 항구 도시 칭다오를 넘기라는 요구였다. 독일이 응하지 않자 8월 23일, 일본은 전쟁을 선포했다.

8월 27일, 중장 가토 사다키치가 지휘하는 일본 해군 2함대는 칭다오를 봉쇄했다. 2함대에는 전함 네 척을 비롯해 영국이 만들어 준 최신 순양 전함 공고와 공고급 2번함 히에이가 포진했다. 이외에도 열다섯 척의 구축함, 잠수함, 어뢰정 등이 속해 있었다.

이에 맞선 칭다오의 독일 해군은 미약했다. 칭다오를 모항으로 쓰는 독일 동아시아 분견 함대의 주력인 장갑 순양함 샤른호스트와 그나이제나우, 그리고 세 척의 경순양함은 적도 부근의 마셜 제도에 가 있었다. 주요 목표물이었던 독일 동아시아 분견 함대의 주력 함선이 없는 게 확인되자 가토는 약간의 군함만 남긴 채 휘하의 전함과 순양 전함을 이끌고 칭다오를 떠났다.

칭다오에 갇힌 군함 중 가장 강한 건 외려 홀로 와 있던 오스트리아-헝가리 해군의 방호 순양함 카이제린 엘리자베트였다. 독일 군함은 카이제린 엘리자베트보다 작은 경순양함 한 척, 포함 네 척, 어뢰정 한 척이 전부였다. 그럼에도 독일 해군의 저항은 거셌다. 9월 2일, 독일 해군의 포함 야구아르는 일본 해군의 구축함 시로테를 격침했다.

9월 6일, 일본 해군의 비행기 두 기가 칭다오 항구로 날아들었다. 프랑스의 앙리 파르망 형제가 1913년에 만든 비행기였다. 일본 해군은 파르망 형제가 만든 여러 종류의 비행기 중 영국 회사에서 면허 생산된 걸 구입했다. 일본 해군기는 카이제린 엘리자베트와 야구아르를 향해 폭탄을 떨어트렸다. 떨어트린 폭탄은 모두 빗나갔다.

이 공습을 감행한 비행기는 일본 해군의 수상기 모함 와카미야에서 출격했다. 좀 더 정확하게는, 와카미야에서 크레인으로 바다에 내려진 파르망이 공습에 나섰다. 결과적으로 와카미야는 세계 최초로 함재기를 실전에 사용한 수상기 모함이 되었다.

흥미롭게도 역사에 이름을 남긴 와카미야는 처음부터 일본 군함은 아니었다. 본래는 1900년에 진수된 러시아의 7700톤급 화물선 레딩톤이었다. 레팅톤은 러일전쟁 중인

1905년 1월 블라디보스토크를 향하다 동해에서 일본 해군 어뢰정에 나포되었다. 이후 일본 해군의 수송선으로 사용되다가 1914년 8월에 개조되어 수상기 모함으로 취역했다. 레딩톤을 건조한 곳은 영국의 조선소 던컨이었다.

인공 빙산이라고 할 수 있는
"가라앉지 않는 배"

비행기의 성능이 좋아지면서 바퀴만 달린 비행기를 싣고 다니는 항공 모함이 등장했다. 크레인으로 수상기를 올리고 내리는 과정은 아무래도 번거롭고 시간도 많이 걸렸다. 처음에는 갑판의 일부를, 나중에는 갑판 전체를 활주로로 쓰는 항공 모함은 같은 시간 동안 수상기 모함보다 더 많은 수의 비행기를 날리고 받을 수 있었다.

그러나 수상기 모함에서 항공 모함으로 변화해 가는 과정은 일직선이 아니었다. 예컨대 1920년 와카미야의 이물艤物에 설치된 15미터 길이의 비행 갑판에서 프랑스제 비행기인 솝위드 펍이 이륙했다. 다시 말해, 수상기 모함 와카미야가 일본 해군의 첫 번째 항공 모함으로 개조된 셈이었다. 이를 교훈 삼아 일본은 1922년, 세계 최초로 항공 모함 전용 설계가 이루어진 군함 호쇼를 취역했다.

그럼에도 일본 해군은 변종 군함을 그 후로도 계속 건조했다. 일례로, 이세급 항공 전함과 토네급 항공 순양함의 앞쪽은 보통의 군함인 반면 뒤쪽은 항공 모함이었다. 이도 저도 아닌 이들 군함은 실전에서 혹독한 대가를 치러야 했다.

비행 갑판의 길이가 충분히 길지 않은 반쪽짜리 항공 모함은 비행기의 이륙이 쉽지 않았다. 이에 대한 해결책은 이미 1915년에 실증되었다. 미국 해군 소령 헨리 머스틴이 항해 중인 장갑 순양함 노스캐롤라이나로부터 캐터펄트의 도움을 받아 이륙했기 때문이었다. 커다란 돌을 공격 목적으로 날리는 데에 쓰는 캐터펄트, 즉 투석기는 고대로부터 사용되었다.

제2차 세계대전이 시작되자 온전한 항공 모함의 진가가 드러났다. 1940년 11월, 영국 항공 모함 일러스트리어스를 이륙한 21기의 소드피시는 이탈리아 타란토 항구에 있던 이탈리아 해군 함대를 덮쳤다. 이 공습으로 이탈리아 해군은 세 척의 전함이 수개월간 수리를 받아야 했다. 프로펠러 복엽기인, 다시 말해 날개가 위아래로 두 겹인 소드피시는 사실 그렇게 고성능의 비행기가 아니었다. 그럼에도 영국 해군의 피해는 격추된 소드피시 두 기가 전부였다.

영국 해군도 비행기의 공격을 피해갈 수 없었다. 1941년 12월 10일, 취역한 지 채 1년도 안 된 최신 전함 프린스오

브웨일스와 오래됐지만 여전히 강력한 순양 전함 리펄스가 일본 해군기의 공습으로 침몰했다. 물론 영국의 피해는 이틀 전의 미국에 비할 건 아니었다. 하와이 진주만에 있던 미국 태평양 함대는 일본 항공 모함 여섯 척의 함재기 공습으로 네 척의 전함이 침몰했다.

1942년 6월, 미드웨이 근해에서 일본과 미국은 각각 네 척과 세 척의 항공 모함으로 대결을 벌였다. 결과는 네 척을 모두 잃으면서 한 척만 가라앉힌 일본의 완패였다. 이후 항공 모함 수가 미국보다 내내 모자라게 된 일본 해군은 하염없이 밀렸다. 알고 보면 미드웨이 해전 때 미국은 항공 모함이 한 척 더 있었다. 바로 활주로를 건설해 둔 미드웨이 환초였다. 미군은 미드웨이 환초를 "가라앉지 않는 항공 모함"이라고 불렀다.

이 무렵 영국에서 기상천외한 발상이 등장했다. 약 30년 전 제1차 세계대전이 터지자 케임브리지대학 펨브로크 칼리지에서 법학을 공부하던 제프리 파이크는 학업을 중단했다. 전쟁 특파원이 되기를 자청한 파이크는 독일에 잠입했다가 포로로 잡혔다. 9개월 만에 포로수용소를 탈출한 그는 영국으로 돌아와 저술과 강연을 했다. 파이크는 전쟁 후엔 원자재 투기에 나섰다가 1927년 파산했다.

제2차 세계대전이 발발한 후 우여곡절 끝에 파이크는 영국군 합동작전사령관 루이스 마운트배튼의 민간인 참모가 되었다. 1942년 그는 "가라앉히기 어렵고 만드는 데 돈이 거의 안 드는" 항공 모함의 아이디어를 내놓았다. 구약 성경의 선지자 이름을 딴 이른바 '프로젝트 하바쿡'이었다.

프로젝트 하바쿡의 핵심은 얼음으로 항공 모함을 만드는 거였다. 남극의 빙산이 증명하듯 얼음은 물에 뜰 수 있었다. 또 재료가 얼음이니 비용은 없는 거나 마찬가지였다. 게다가 공격을 받아 설령 갑판에 구멍이 나더라도 추운 바다에서라면 다시 물을 얼리면 그만이었다. 비행 갑판의 길이가 당시 정규 항모의 두 배가 넘는 600미터에 달하는 만큼 캐터펄트조차 필요하지 않았다.

아이디어를 내놓는 데 그치지 않고 그는 얼음 항공 모함의 재료가 될 특수한 얼음을 만들고자 했다. 그 출발점은 1942년, 비인대학의 허먼 마크가 발표한 논문이었다. 마크는 논문에서 목재 펄프가 들어간 얼음이 잘 부서지지 않는다는 실험 결과를 보고했다. 파이크는 케임브리지대학의 막스 페루츠를 통해 마크의 실험 결과를 재확인했다. 페루츠는 비인대학을 다닐 때 마크에게 배운 적이 있었다.

약간의 톱밥을 섞어 얼린 얼음은 파이크리트라는 새로운 이름을 얻었다. 파이크리트는 얼음보다 천천히 녹고 또 압축에 견디는 세기는 얼음의 두 배, 잡아당기는 힘에 견디는 세기는 얼음의 네 배였다. 1943년 마운트배튼은 장군들 앞에서 권총으로 파이크리트를 직접 쏴 보이며 그 강도를 시연했다. 얼음은 산산조각 났지만, 파이크리트는 총탄을 튕겨냈다. 그러나 제2차 세계대전의 연합국 전황이 유리해

지면서 프로젝트 하바쿡은 결국 실현되지 못한 채 막을 내렸다.

참고문헌

권오상,《확률의 승부사들》, 날리지, 2024.
권오상,《한국사를 바꾼 12가지 공학 이야기》, 청어람e, 2021.
권오상,《혁신의 후원자 벤처캐피털》, 클라우드나인, 2020.
권오상,《권오상의 워코노미》, 플래닛미디어, 2020.
권오상,《미래를 꿈꾸는 엔지니어링 수업》, 청어람미디어, 2019.
권오상,《혁신의 파》, 청어람미디어, 2018.
권오상,《엔지니어 히어로즈》, 청어람미디어, 2016.
권오상,《노벨상과 수리공》, 미래의창, 2014.
노봉수,《단맛 음식의 원리》, 헬스레터, 2024.
로버트 루트번스타인·권오현 옮김,《과학자의 생각법》, 을유문화사, 2017.
리처드 세넷, 김홍식 옮김,《장인》, 21세기북스, 2010.
미야나가 히로시, 김정환 옮김,《세렌디피티의 법칙》, 북북서, 2010.
버나드 바이트만, 김정은 옮김,《우연접속자》, 황금거북, 2017.
에드워드 와서먼, 박선영 옮김,《우리가 몰랐던 혁신의 비밀》, 상상스퀘어, 2023.
이안 블래치포드, 틸리 블라이스, 안현주 옮김,《혁신의 뿌리》, 브론스테인, 2021.
카이 엥겔 외, 윤태경 옮김,《혁신의 대가들》, 비즈니스북스, 2015.
케빈 애슈턴, 이은경 옮김, 창조의 탄생, 북라이프, 2015.
크리스티안 부슈, 서명진 옮김,《세렌디피티 코드》, 비즈니스북스, 2021.
티나 실리그, 김소희 옮김,《인지니어스》, 리더스북, 2012.
플로리안 아이그너, 서유리 옮김,《우연은 얼마나 내 삶을 지배하는가》, 동양북스, 2018.

Bahcall, Safi, 《Loonshots》, St. Martin's Press, 2019.

Barabasi, Albert-Laszlo, 《The Formula: The Universal Laws of Success》, Little, Brown and Company, 2018.

Berkun, Scott, 《The Myths of Innovation》, O'Reilly Media, 2010.

Brenner, Reuven Gabrielle A. Brenner and Aaron Brown, 《A World of Chance》, Cambridge University Press, 2008.

Bunch, Bryan, 《The History of Science and Technology》, Houghton Mifflin Harcourt, 2004.

Christensen, Clayton M., 《The Innovator's Dilemma》, Harper Business, 2011.

Cooper The Pooper, 《Accidental Inventions That Changed Our World》, Books by Cooper, 2022.

Cornell, C. J., 《The Age of Metapreneurship》, Venture Point Press, 2017.

Diaconis, Persi and Brian Skyrms, 《Ten Great Ideas about Chance》, Princeton University Press, 2017.

Donald, Graeme, 《The Accidental Scientist》, Michael O'Mara, 2014.

Donald, Graeme, 《Loose Cannons》, Lyons Press, 2011.

Erixon, Frederik and Bjorn Weigel, 《The Innovation Illusion》, Yale University Press, 2016.

Farinetti, Oscar, 《Serendipity: A History of Accidental Culinary Discoveries》, Apollo Publishers, 2022.

Fisher, Adam, 《Valley of Genius》, Twelve, 2018.

Frank, Robert H., 《Success and Luck: Good Fortune and the Myth of Meritocracy》, Princeton University Press, 2016.

Gunther, Max, 《How to Get Lucky》, Harriman House, 2010.

Gunther, Max, 《The Luck Factor》, Harriman House, 2010.

Hamilton, Kristy, 《Nature's Wild Ideas》, Greystone Books, 2022.

Hammack, Bill, Patrick Ryan and Nick Ziech, 《Eight Amazing Engineering Stories》, Articulate Noise Books, 2012.

Hammack, Bill, 《The Things We Make》, Sourcebooks, 2023.

Johnson, Clarence L. Kelly, Maggie Smith, 《Kelly》, Smithsonian Books, 1989.

Klaas, Brian, 《Fluke》, Scribner, 2024.

Lerner, Josh, 《The Architecture of Innovation》, Oxford University Press, 2012.

Leski, Kyna, 《The Storm of Creativity》, The MIT Press, 2015.

Lienhard, John H., 《The Engines of Our Ingenuity》, Oxford University Press, 2000.

Lotto, Beau, 《Deviate: The Science of Seeing Differently》, Hachette Books, 2017.

Mauboussin, Michael J., 《The Success Equation》, Harvard Business Review Press, 2012.

McAfee, Andrew, 《The Geek Way》, Little, Brown and Company, 2023.

McKelvey, Jim, 《The Innovation Stack》, Portfolio, 2020.

Rescher, Nicholas, 《Luck: The Brilliant Randomness of Everyday Life》, University of Pittsburgh Press, 2001.

Rich, Ben R. and Leo Janos, 《Skunk Works》, Back Bay Books, 1996.

Ridley, Matt, 《How Innovation Works》, Harper Perennial, 2021.

Roberts, Royston M., 《Serendipity: Accidental Discoveries in Science》, Wiley, 1989.

Root-Bernstein, Robert S., 《Sparks of Genius》, Mariner Books, 2001.

Seabrook, John, 《Flash of Genius: And Other True Stories of Invention》, St. Martin's Griffin, 2008.

Smith, Ed, 《Luck: What It Means and Why It Matters》, Bloomsbury Publishing, 2012.

Weinberger, Sharon, 《The Imagineers of War: The Untold Story of DARPA》, Knopf, 2017.

Westwick, Peter, 《Stealth》, Oxford University Press, 2020.

이토록 평범한 혁신

초판 1쇄 발행 2025년 11월 11일

지은이 권오상

펴낸이 김재원, 이준형
디자인 김지혜

펴낸곳 비욘드날리지 주식회사
출판등록 제2023-0001117호
E-Mail admin@tappik.co.kr

ⓒ 권오상
ISBN 979-11-991840-4-6 (03320)

- 책값은 뒤표지에 적혀 있습니다.
- 잘못 만든 책은 구입하신 서점에서 바꾸어 드립니다.
- 날리지는 비욘드날리지의 인문·교양 레이블입니다.
- 이 책은 저작권법에 따라 보호받는 저작물이므로 무단전재와 무단복제를 금합니다.